그 병원이 잘되는
12가지 비밀

그 병원이 잘되는
12가지 비밀

박정섭 지음

매일경제신문사

병원은 시기에 따라 세 가지 고민을 한다.

첫 번째, 매출이다.

개원 초기에는 어떻게 하면 초진 환자를 늘릴 수 있을까? 환자 한 명당 객단가를 어떻게 높일 수 있을까? 손이 많이 가지 않으면서 추가로 매출을 높일 수 있는 비급여 상품은 없을까? 이 지역에서 차별화된 특화진료는 무엇일까? 검사 건수를 어떻게 높일 수 있을까? 이렇게 매출을 높일 고민을 끊임없이 한다.

두 번째, 직원 관리다.

직원에 대한 고민은 개원부터 문 닫는 날까지 계속된다. 직원에 대한 아무 불만이 없는 원장님은 본 적이 없다. 물론 정말 완벽한 직원이 있을 수 있지만, 그 직원이 그만두면 또 직원 고민이 시작된다. 조금만 더 친절하게, 조금만 더 꼼꼼하게, 조금만 더 성실하게. 원장님의 요구사항은 크지 않지만, 그것을 만족시키는 직원은 많지 않다.

세 번째, 세금이다.

약 3~5년 차가 되면 갑자기 불어난 세금으로 난감해지기 시작한다. 이때 어떻게 하면 세금을 덜 낼 수 있을지, 의료 장비 구입부터 2~3인 진료 확대까지 세금 컨설팅까지 받아가며 절세 방법들을 고민하기 시작한다.

그리고 10년 차가 넘은 동네 의원들은 이 모든 부분을 초월해서 더 이상 큰 고민이 없다.

하지만 세상의 모든 일이 그렇듯, 고민하고 문제를 해결해야만 성장을 한다. 이때도 첫 번째와 두 번째를 고민하는 병원은 대부분 지속적으로 성장한다. 어떻게 병원을 더 알릴 수 있을까? 객단가를 높일 방법은 무엇일까? 직원 관리를 어떻게 해야 할까? 병원에 딱 들어가는 순간 느껴진다. "아! 고민하는 원장님이구나."

아마 이 책의 내용은 그 고민을 하는 원장님의 병원은 거의 적용이 되어 있을 것이다. 하지만 안타깝게도 내가 본 600여 곳의 동네 의원 중 95% 이상은 여전히 이 책의 대부분이 적용되어 있지 않다. 그래서 이 책을 쓰게 되었다. 아마 큰 도움이 될 것이라고 확신한다.

내 소개를 잠깐 하자면 이렇다.

나는 지난 11년간 국내외의 가장 유명한 제약회사에서 최고의 실적을 매년 달성하는 영업사원이었다. 나의 제약 영업 방식은 처음부터 한결같았다. '어떻게 하면 내가 담당하는 병원을 찾는 환자들이 더 만족을 느낄 수 있을까?' 나의 머릿속에는 온통 이 생각밖에 없었다. '환자들이 기뻐하면 원장님과 병원 직원들도 더 행복하겠지?

그러면 병원의 매출도 올라갈 것이고, 당연히 내가 담당하는 의약품의 매출도 올라가겠지?' 이 마음과 로직이 내 영업 방식의 전부였다.

와튼스쿨 최연소 종신교수인 애덤 그랜트(Adam Grant)의 책,《기브 앤 테이크(Give and Take)》에는 자신의 이익을 먼저 생각하는 테이커(Taker)와 타인의 이익을 먼저 생각하는 기버(Giver)의 개념에 대해서 말한다. 그 책을 읽으며 나는 태생이 기버라는 생각을 했다. 그런 나에게 병원에 무엇인가 가치를 전해주는 것은 기쁨이었다.

병원 직원 교육

나는 대학에서 교육학을 전공했다. 교육은 내 특기였다. 제약회사 영업을 시작하고 내가 가장 먼저 생각한 것은 병원의 원장님과 직원의 친절도를 개선하고 싶다는 것이었다. 가장 먼저 병원 CS강사 양성과정을 공부하고 CS강사 국가공인자격증을 땄다. 환자경험연구소(PEM)에 등록해서 진료 커뮤니케이션을 몇 년 동안 꾸준히 공부했다. 모든 병원에서 서비스 교육을 할 수는 없었지만, 누군가에게 가르쳐줄 수 있고, 그로 인해 병원의 서비스가 조금씩 개선되는 것을 보는 것은 내 즐거움이었다.

병원 매출 증대

병원을 경영하는 모든 원장님은 수익을 늘리고 싶은 마음이 있다. 수익을 늘리기 위해서는 매출을 높이거나 비용을 줄여야 한다. 먼저 병원의 매출을 높이는 방법은 병원을 찾는 환자들의 수가 늘어나거나 환자들 한 명의 객단가를 높여주면 되었다. 환자의 수가 늘어나는 것은 결국 입소문으로 한 명, 한 명 쌓여야 한다. 하지만 병원 규모와 상황에 맞는 적절한 마케팅이 더해진다면 그 입소문을 더 빨리, 멀리 낼 수 있다. 그래서 병원 마케팅을 공부했다. 그런데 마케팅을 공부할수록 비용이 많이 드는 마케팅 방법도 많지만, 무료로 할수 있는 마케팅 방법들도 무척이나 많다는 것을 알게 되었다. 그것들을 병원에 하나씩 적용했다. 무료이니 얼마나 좋은가?

환자 객단가를 아주 조금 높이는 방법도 생각보다 간단했다. 환자들이 한참을 머무는 공간인 대기실은 사실 최고의 홍보, 마케팅 장소다. 이곳에 병원에서 객단가를 높이고 싶거나 집중하고 싶은 항목들을 제대로 광고하면 매출이 올라갔다. 제약회사에서 주고 간 똑같은 홍보자료가 아니라 우리 병원에서 환자들에게 알려주듯 만들어 놓은 포스터들을 걸어놓으면 환자들이 알아서 원장님께 손을 내밀어 매출을 올려주었다.

더불어 더 좋은 자료를 만들기 위해 포토샵, 일러스트레이터, 프리미어 등을 배우는 것은 내게 아주 흥미로운 일이었다.

병원 세무, 행정

병원에서 나가는 비용을 줄이는 것도 결국 수익을 늘리는 일이다. 나는 지난 11년간 병원 경영과 관련된 세미나를 사비를 들여 굉장히 많이 들었다. 들인 비용이 족히 2,000만 원은 넘을 것이다. 보험청구와 이의신청을 위해 보험심사평가사 자격증을 취득하고, 병원 세무특강은 있는 대로 다 들었다. 개인정보 자율점검이나, 법정의무교육과 같은 과태료가 있는 항목들도 공부하고 만성질환 관리사업과 같이 놓치면 아까울 것들도 함께 공부했다. 그러면서 동시에 병원에 최적화해서 적용할 수 있는 팁들을 내 담당 병원에 적용했다. 그러자 점점 나를 제약회사 영업사원이 아닌, 병원의 발전에 필요한 담당자로 생각해주는 병원들이 많이 생겨났다. 해야 할 일들이 많아지고 몸은 피곤했지만, 병원이 바뀌고 매출이 오르고 환자들의 불만이 줄어드는 것들을 보는 것은, 내가 일을 하며 느끼는 보람이었다.

그렇게 몇 년 동안의 시간이 쌓이자 원장님들의 친구, 후배들의 병원에도 알려달라고 부탁을 해서 나는 어느덧 전국의 병원을 돌아다니게 되었다. 그냥 이것들이 너무 재밌었다. 직접 환자를 치료하는 것은 아니지만, 나를 통해 병원을 찾는 환자들이 더 만족을 느끼고 일하는 직원들이 더 행복해진다면 환자들의 치료에도 내가 도움을 주고 있다는 생각이 들었기 때문이다. 그렇지만 내가 책을 쓴다는 것은 지금도 쑥스럽다. 책은 굉장한 전문가나 박사들이나 쓰는 거로 생각했기 때문이다. 나는 전문가나 박사가 아니다. 그런데도 내가 책을 쓰게 된 이유는 내가 지금껏 봐왔던 간호조무사 2~5명과 함께 원장님이 병원을 경영하며 진료하는 동네 의원에 정말 실제적인 경영 팁을 드리고 싶었기 때문이다. 누구도 곁에서 조언을 해주지 않고, 지금 이 변화의 시기에 따라가기엔 너무나 바쁘신, 그분들에게 잘되는 병원들을 벤치마킹할 수 있는 기회를 드리고 싶다.

시중 서점에 가면 병원의 매출을 높이는 방법에 관한 책들이 꽤 있다. 나도 그 책들을 한 권도 빠짐없이 다 읽어봤다. 절판된 것은 먼 곳의 시립 도서관에 가서라도 거의 읽어봤다. 그런데 아쉬운 점이 하나 있었다. 대부분 책이 비급여 진료를 주로 하는 성형외과, 피부과, 치과를 대상으로 썼다는 점이다. 그러니 한 달에 수백, 수천만 원이 들어가는 광고와 마케팅에 대해 말하는 것이 대다수고, 호텔 같은 서비스, 고정된 응대 멘트, 20분 가까이 소요되는 상담 매뉴얼 등을 다루고 있다. 모든 동네 의원이 이렇게 할 수 있다면 얼마나 좋을까? 하지만 현실은 그렇지 않다.

동네 급여과 의원들은 직원 2~5명, 하루에 80~150명, 2만 원 안팎의 객단가로 병원을 경영한다. 이런 동네 의원에서 그렇게 많은 마케팅 비용을 지불하거나, 환자마다 고급 호텔 수준의 서비스를 한다는 것은 현실성이 떨어진다. 적절한 비유는 아닐지 모르지만, 객단가 20만 원의 최고급 레스토랑과 1인분에 8,000원 하는 백반집의 서비스를 같게 하라는 것은 어울리지 않는 일이다. 동네 주치의인 작은 병원은 그에 맞는 마케팅과 서비스가 필요하다.

이 책은 원장님 1명과 직원 3명이 있는 동네 내과, 소아청소년과 의원을 상상하며 책을 썼다. 그리고 철저하게 원장님이 직접 할 수 있는 것들만 썼다. 뜬구름 잡는 이야기나, 무슨 자문 업체를 홍보하는 듯한 내용은 담지 않았다. 그래서 책을 읽다 보면 "뭘 이렇게 쉽고 당연한 이야기를 하는 거야?"라고 말할 수도 있을 것 같다. 그러면 나는 반문하고 싶다. "그 간단한 것을 지금 하고 계시나요?"

잘되는 병원의 원장님들은 분명히 이 책의 내용을 공감하실 것이다. 동네 의원은 정말 단순한 로직들을 지키기만 하면 잘될 수 있다. 이 책을 읽을 원장님이 어떤 병원, 어느 사이클에 있을지는 모르지만, 적용할 수 있는 모든 것은 일단 적용하셨으면 좋겠다.

한번 천천히 읽어보시라.

박정섭

목차

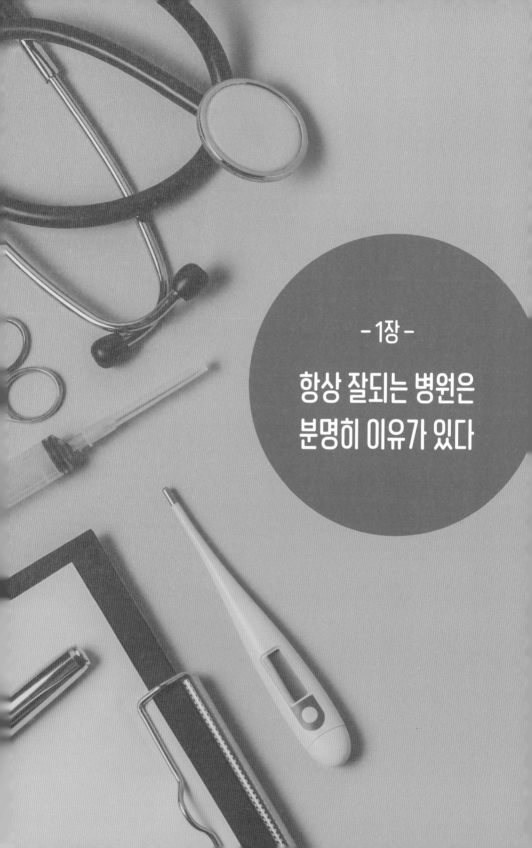

- 1장 -

**항상 잘되는 병원은
분명히 이유가 있다**

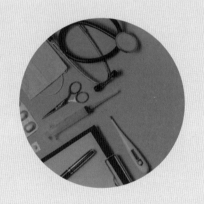

항상 잘되는 병원은
분명히 이유가 있다

"왜! 마주 보고 있는 같은 규모의 의원인데 A내과만 잘될까?"

오전 8시 30분, A내과 대기실에는 7명의 환자가 대기하고 있다. 진료가 시작되기 30분 전인데 말이다. 9시가 되고 진료가 시작될 때는 이미 15명이 넘는 환자들이 대기실에 앉아 있다. 오후 1시, 오전 진료를 마칠 때까지 원장님은 90여 명의 환자를 진료했다.

바로 옆 건물에는 B내과가 있다. 두 내과는 개원한 지 8년 차로 마을이 형성되는 같은 시기에 함께 문을 열었다. 그런데 B내과는 오전 진료가 끝날 때까지 25명의 환자를 진료했다.

두 병원의 차이는 무엇일까? 다음은 동네로 이사 온 한 사람이 가벼운 질환으로 병원을 찾아 진료를 받는 과정이다. 병원에 처음 내원하는 환자의 입장에서 다음의 과정을 상상해보라.

두 아이를 키우는 40대 중반의 한 여성이 동네로 이사했다. 어느 날 열이 나면서 배가 아프고 설사를 한다. 약국에서 약을 사 먹을까 하다가 병원에 가야겠다고 생각한다. 지난주에 지나가면서 봤던 사거리에 있는 내과를 갈까 하다가 휴대전화로 병원을 검색해본다. '행복동 장염'이라고 검색하니 '행복동 장염 잘 보는 병원'이라는 한의원의 블로그가 눈에 들어온다. 그런데 한의원보다는 병원에 가고 싶다.

네이버 지도에 나오는 집과 가장 가까운 병원 몇 개를 클릭해봤다. 가까운 곳의 사랑 내과에 깔끔하게 인사말과 진료과목이 적혀 있는 것을 봤다. 이곳을 가보기로 한다. 그런데 둘째가 학교에서 올 시간이 됐기에 지금 진료받을 수 있는지 전화를 해보기로 한다. 오! 생각보다 친절하다. 지금 가면 30분 안에 진료받을 수 있다고 한다.

이사 온 사람들은 동네 병원에 처음 오기까지 이러한 과정을 거친다. 보통 다음과 같은 3가지 방법으로 병원을 찾는다.

1. 길 가며 봤던 병원 간판을 기억하고 바로 찾아간다.
2. 인터넷으로 검색해서 찾아간다.
   '증상(복통, 두통 등), 분과(내과, 정형외과) 등을 검색'
3. 지인에게 물어봐서 찾아간다.

여성은 전화했던 병원에 도착했다. 생각보다 작고 오래된 병원이었다. 뭐 최신 인테리어의 병원은 아니지만 따뜻한 느낌이 들었다. 접수해주는 간호사가 꽤 친절했다. 배가 아파서 왔다니까 고생하셨겠다며 요즘 장염이나 식중독 환자들이 좀 늘고 있다고 했다. 진료받으시면 괜찮아질 거라고 하는데, 병원 접수할 때마다 식당 주문받는 것보다 못하던 다른 병원들과는 조금 달랐다.

> 병원 관계자들은 우리 병원의 인테리어나 분위기가 너무 익숙해서 눈에 전혀 들어오지 않는다. 하지만 병원을 처음 방문하는 사람들은 이 병원의 분위기가 어떤지를 중요하게 생각한다. 병원이 너무 장사꾼 같이 느껴진다거나, 접수하는 간호사의 말투와 직원들끼리의 분위기를 보면서 병원을 판단한다.

대기실에서 진료를 기다리는데, 대기실 벽면에 원장님이 써 놓은 글들이 꽤 많았다. 그중에서 병원이 추구하는 비전은 꽤 인상적이다. 10년 이상 이 마을에서 진료하며 사람들과 가족이 되었다고, 앞으로 남은 의사 생활 동안 마을의 주치의로 함께 건강하게 사는 것. 그래서 더 열심히 공부하고 더 많이 듣고자 노력할 것이라는 것이 비전이란다. 별 것 아닌 것 같지만 뭔지 모를 따뜻함이 느껴졌다.

> 환자들은 진료를 받기 전에 대기실에서 항상 기다린다. 그 시간이 1분이 되었든, 1시간이 되었든 앉아서 진료를 기다리며 병원의 분위기를 살핀다. 이때 병원이 가지고 있는 어떤 가치

를 환자들에게 전해줄 수 있다면 대단히 많은 것을 어필할 수 있다.

문을 열고 진료실로 들어갔는데 원장님이 자리에서 일어나서 인사를 해준다. 놀라웠다. 자리에서 인사를 해주는 의사는 처음이다. 배가 어떻게 아픈지, 열과 설사와 같은 증상 등을 묻고 침대에 누워 배도 두들겨 보시더니, 모니터에 '소화기 구조'라고 하면서 그림을 하나 띄워놓고 설명해주신다. 약을 먹으면 이 부분을 덮어놔서 자연 치유될 것이라고. 그래도 며칠 동안 지속되면 염증이 커질 수 있고, 다른 합병증이 생길 수 있으니 그땐 검사를 해봐야 한다고 했다. 아마 괜찮을 것이니 약 먹고 조금 쉬라고 하는데, 뭔가 일반적인 진료와는 느낌이 달랐다. 소화기관에 좋은 음식들이라고 하면서 정리된 종이 한 장도 건네주셨다

> 동네 병원의 핵심은 당연히 '진료'다. 아무리 많은 홍보와 화려한 인테리어가 있다 하더라도 진료가 형편없으면 결국 병원은 점점 환자들이 떠나게 되어 있다. 진료에서 환자들이 보는 것은 생각보다 별것이 없다. 전문성을 가지고 있는가, 친절한가, 알아들을 수 있게 잘 설명해주는가 정도다.

진료비를 내려고 하는데, 간호사가 우리 원장님 진료를 정말 꼼꼼하게 잘하신다고 곧 괜찮아지실 거라고 한마디를 더 했다. 직원들이 '우

리 원장님'이라고 말할 때, 뭔가 병원을 신뢰하게 만드는 것 같았다.

동네 의원에서는 병원에 들어와서 처음 만나는 직원과 떠날 때 만나는 직원이 대체로 같다. 이 처음과 끝의 인상을 어떻게 심어주느냐는 병원의 이미지에 큰 영향을 준다.

다음 날 둘째의 점심을 준비할 때쯤 병원에서 문자 메시지가 왔다. 몸은 괜찮은지, 약은 꼭 챙겨 드시고, 차가운 음식은 먹지 말라고, 2일이 지나도 증상이 그대로라면 다시 내원해달라는 문자였다. 단체 문자인 것은 분명하지만 뭔가 계속 챙겨준다는 느낌은 받았다.

동네 보험과 의원에서는 환자들의 사후관리를 해주는 곳이 사실 많지 않다. 검진이나 시술이 이뤄지는 의원이야 조금 지켜지고 있지만, 어떻게 사후관리를 해주느냐에 따라서 환자 만족도에는 굉장히 큰 차이가 난다.

이제 이 동네에서도 몇 친구들이 생겼다. 첫째와 둘째 학부모들과 가까워졌다. 어느 날 대상포진이 걸린 거 같다는 지인의 말에 지난번 갔던 내과가 생각나서 추천을 해줬다. 정말 꼼꼼히 진료하는 의사였다고, 그렇게 친절하게 설명해주는 의사는 처음 봤다고 한번 가보라고 말이다.

병원의 좋은 입소문은 이렇게 만들어진다. 이러한 좋은 입소문으로 여러 명의 잠재적인 추가 고객들이 생겨나고, 잘되는 병원은 계속해서 잘되게 된다.

잘되는 병원의 3가지 포인트

환자들이 병원과 만나는 접점은 크게 3가지로 볼 수 있다.

이 3가지의 접점에서 환자들이 병원을 평가하는 항목들을 수정하면 잘되는 병원을 만들 수 있다. 이 책의 1장은 잘되는 병원들이 가지고 있는 '의료 서비스 마인드'에 대한 내용이다. 2장은 병원이 할 수 있는 홍보 방법, 그중에서도 반드시 해야 하는 '무료 홍보'에 대한 내용을 담았다. 3장은 병원의 핵심이라고 할 수 있는 효과적인 진료 면담을 위한 '진료 커뮤니케이션 스킬'에 대한 노하우를 담았다. 4장은 병원 분위기와 병원의 이미지를 만드는 '직원 관리'에 대해서 말해준다. 그리고 마지막 5장은 이 모든 것을 요약하고 있다.

차례대로 읽어도 되고, 필요한 부분을 찾아 읽어도 되지만, 1장 마인드부터 시작해서 순서대로 끝까지 한번 읽어보셨으면 좋겠다. 분명 병원 경영에 작은 한 가지라도 도움을 받을 수 있을 것이다. 그리고 이 책을 통해 병원의 서비스 수준이 높아진다면 나 역시 너무나도 기쁠 것 같다.

환자 이전에
고객의 심리를 파악하라

"고객의 감정 상태를 알 수 있다면, 마음을 얻을 수 있다."

인천의 한 통증의학과 대기실에는 SSG 프로야구팀의 사진이 크게 걸려 있다. 그리고 사진들 옆에는 그 병원이 SK프로야구 시절부터 선수들의 부상 치료와 회복을 돕고 있는 스토리를 적어놓았다. 나는 많은 통증·재활의학과 병원을 알고 있지만, 어느 날 아내가 허리가 아프다고 했을 때, 가장 먼저 떠오르는 곳이 바로 그 병원이었다. 그래서 아내에게 그 병원에 가서 진료를 받아보라고 했다.

환자 입장에서 병원을 찾을 때 어떤 마음인지, 무엇을 원하는지를 알고 있는가? 고객의 심리와 원하는 바를 알고 있다면 고객의 마음을 얻을 수 있다. 원하는 바를 채워주는 것. 그래서 의료 행위가 아닌 '의료 서비스'라고 말한다.

3대 서비스의 고객 심리

병원의 서비스와 환자들의 심리에 대해서 알기 이전에, 다른 서비스 산업에서의 고객 심리를 한 번 생각해볼 필요가 있다. 서비스 수준을 이끌어가는 3대 업종이 있다. 바로 호텔, 레스토랑, 백화점과 항공이다.

호텔

서울이 한눈에 내다보이는 남산 중턱에 있는 '반얀트리' 호텔에 가봤는가? 룸 가운데에 일본 노천탕에서나 볼 수 있는 목조 욕조가 있다. 따뜻한 물을 가득 채우고 들어가 달콤한 레드와인을 한잔하면서 남산의 모습이나, 서울의 야경을 바라보는 것을 상상해보라. 왜 이 호텔이 우리나라의 호텔 최상위를 놓치지 않고 있는지를 이해할 수 있을 것이다. 호텔은 쉬러 간다. 편안하고 안락하고 대접받는 듯한 느낌을 원하면서 가는 것이다.

레스토랑

고급 레스토랑은 어떠한가? 미슐랭 스타를 받은 '곳간'이라는 레스토랑에 가본 적이 있다. 여의도 50층 건물 꼭대기 층에 자리 잡은 이 식당은, 엘리베이터에서 내리면 다른 세상에 온 듯한 느낌이 든다. 입구에는 시골 종갓집에나 가면 있을 법한 도자기들과 창호지의 창살 문들이 옛 한옥에 온 듯한 느낌을 들게 한다. 그런데 안쪽으로 들어가면 한 면 전체가 통유리로 되어 있는 방들이 나오는데, 해가 넘어가는 저녁에 여의도의 야경을 보면서 식사를 하는 생각을 해보라. 심지어 음식 하나하나를 설명해주며 맛을 보는데, 너무 맛있다. 그 시간은 '내가 음식으로 대접받고 있구나'라는 생각이 절로 들게 한다. 서먹한 사이라도 식당의 분위기를 느끼고 맛있는 음식을 맛보니 이야기할 것들이 많아졌다. 식당은 맛있는 것을 먹기 위해서 간다. 하지만 맛뿐만 아니라 눈으로 보면서, 친구와 대화를 나누며 식사를 하는 그 시간을 즐기러 간다.

백화점, 항공

백화점이나 항공은 어떠한가? 사실 대형 백화점이 들어오던 30~40년 전에는 서비스의 표본이 백화점이었다. 문을 열고 들어오면 90도 가까운 정중례와 함께 "안녕하세요, 어서 오세요." 인사를 하고, 고객이 물어보기 전에 "무엇을 도와드릴까요?"라고 한다. 기본예절을 바탕으로 한 그때의 백화점식 인사가 마치 '서비스는 이런 것이다'라는 잘못된 인식을 만들어 주기도 했다. 하지만 지금의 백화점은 고객의 자율과 선택을 주는 자유로운 서비스를 표방하고 있고, 이제는 그 서비스를 표방하던 다른 산업에서도 예전의 백화점식 서비스를 추구하진 않는다. 항공에서도 마찬가지다. 여전히 기본예절을 바탕으로 한 응대 서비스를 강조하고는 있지만, 더 중요하게 여기는 것은 항공이라는 이동수단을 경험하는 편안함이라는 고객 경험에 대한 복합적인 서비스를 훨씬 중요하게 생각하고 있다. 그래서 이코노미와 비즈니스, 일등석의 가장 큰 차이점은 직원의 응대가 아닌 좌석을 비롯한 시설의 편안함과 안전함 차이이다.

쉼, 맛, 안전. 바로 이것들이 그 서비스의 본질이다. 앞서 말한 반얀트리, 곳간, 일등석뿐만 아니라 동네에 있는 모텔, 순댓국집, 이코노미석 등 어느 곳이든 '이것을 얻고자 하는 기대감'이라는 것이 있다. 여유를 즐길 수 있을 것이라는 기대감. 맛있는 음식을 먹을 수 있을 것이라는 기대감. 안전하게 이동할 수 있을 것이라는 기대감. 바로 이것들이다. 그런데 만약 이 기대감을 충족시켜주지 못한다면, 시설이나 직원의 응대로 그 기대감이 깨진다면 본질에도 영향을 준다.

병원의 본질

병원의 본질은 무엇일까? 병원은 아파서 가는 곳이다. 치료를 받기 위해서 가는 곳이다. 즉, 치료가 병원의 본질이다.

수술하는 2차 종합병원급부터는 이 본질의 차이가 뚜렷하게 나타난다. 수술과 시술의 결과가 눈으로 바로 보이기 때문이다. 그러니 의사들의 태도가 아무리 불친절해도 수술의 실력이 좋다고 알려진 유명한 대학병원에는 환자들이 어쩔 수 없이 계속 갈 수밖에 없다. 왜냐하면 병원의 본질인 '치료'의 결과가 눈에 보이기 때문이다.

하지만, 안타깝게도 동네 급여과 의원은 이 본질의 차이가 뚜렷하게 나타나지 않는다. 심지어 동네 의원의 원장님들 자신도 '어딜 가나 똑같다'라는 생각을 하고 있기도 하다. 그런데 이런 생각은 완전히 잘못되었다. 왜냐하면 병원에는 질병의 치료만큼 중요한 본질이 하나 더 있기 때문이다. 그것은 '불안을 제거해주는 것'이다.

세상에 있는 모든 서비스 업종 중에서 고객이 가기 싫어하는 서비스 업종은 의료 서비스가 유일하다. 다른 서비스는 전부 흥분되고 설레며 내가 좋아서 가는 곳이지만, 유일하게 의료 서비스만이 불안하고, 가고 싶지 않고, 얼른 떠나고 싶은 곳이다. 그래서 의료 서비스는 병원을 찾는 환자들의 그 불안한 마음을 없애주는 것이 본질 중의 본질이다. 이 불안은 약으로만 해결되지 않는다. 원장님의 말 한마디, 행동 하나에서 생겨나는 신뢰와 믿음으로 해결된다. 그래서 동네 병원에서의 치료의 본질은 '원장님과 병원 자체'에 있는 것이다. 아무리 작은 의원이라 할지라도 '내가 이 병원에서 진료를 받으면 치료가 되겠구나'라는 기대와 더불어, 불안을 제거해줄 수 있어야 한다.

앞서 프로야구팀의 사진과 함께 선수들의 부상 치료와 재활을 돕는 병원이라는 설명은, 통증을 가지고 병원을 찾은 환자들에게 병원의 치료 실력에 대한 불안감을 낮추는데 굉장히 효과적인 자료였다. 단지 병원을 홍보하는 것에 그치는 것이 아니라, 전혀 모르고 찾아온 환자들에게도 불안한 마음을 낮추는 데 도움을 준 것이다.

불안을 낮추는 방법은 굉장히 많다. 대기실에 홍보하는 프린트물이나 영상정보뿐만 아니라 직원의 설명과 원장님의 진료 커뮤니케이션을 통해서도 많은 팁이 있다. 앞으로 이러한 팁들은 하나씩 알려드릴 것이다. 이번 장에서는 병원을 찾는 환자들은 질병의 크기와 상관없이 '불안과 걱정'이라는 심리 상태가 있다는 사실, 딱 그 한 가지만 기억했으면 좋겠다.

차별화는
필요가 아니고 필수다

동네 의원 중에서 아주 단순한 몇 가지를 차별화해서 그것으로 더 많은 환자와 매출을 가져가는 것을 본다. 사실 열어보면 별것 아닌데, 그것으로 환자들을 불러 모은다.

병원에서 할 수 있는 가장 좋은 차별화는 가치가 높은 진료 항목을 개발해서 전문화하는 것이다. 예를 들어 인천 남동구의 한 소아청소년과는 신생아 귀교정이라는 특화 진료 항목을 만들었다. 인천뿐만 아니라 전라도, 경상도에서도 입소문으로 고객들이 찾아온다.

동네에 있는 평범한 소아청소년과임에도 전국에서 고객들이 찾아오는 병원이 된 것은 이 특화 진료 때문이다. 하지만 차별화된 진료 항목을 당장 만드는 것은 여간 힘든 일이 아니다. 이것은 궁극적인 과제로 남겨두고, 차별화의 핵심사항만 먼저 기억하는 것이 좋을 것 같다.

2인 진료, 여의사, 젊은 의사, 평가 인증, 협력 병원, 네트워크 병원, 전문 병원, 첨단 장비, 정품 정량, 빠른 시술, 당일 퇴원, 많은 경험 등.

앞에서 나열한 것은 동네 의원에서 흔히 차별화 포인트라고 내세우는 것들이다. 그리고 10곳 중 8곳은 이것마저도 없는 것이 현실이다. 그렇지만 한번 잘 생각해보자. 이것들이 차별화인가? 차별화라고 말하기 위해서는 2가지를 충족해야 한다. 하나는 '남과 다름'이고, 다른 하나는 '지속성'이다. 하지만 여기서 몇 가지는 남과 다른 나만이 갖췄다고 말할 수는 있겠지만, 이것마저도 언제든지 따라 잡힐 수 있는 것들이다. 그러니 완전한 차별화라고 말하기는 쉽지 않다. 그럼 어떻게 차별화를 만들 수 있을까?

다음 사례를 읽어보고 이것은 차별화인지 생각해보자.

- 수술 후 환자들에게 방문 진료를 하는 A척추병원
- 물리치료가 없는 요일에 요가 수업을 여는 안산의 B통증의학과
- 병원 한 층 위에 힐링 센터를 열어 건강교실을 만든 김포의 C내과

앞의 세 병원은 어떤가? 차별화가 있는 것 같은가? 사실, 프로그램에는 큰 차이가 없다. 방문 진료를 하는 진료과는 생각보다 많다. 왕진도 있고, 가정 방문 진료, 장애인 돌봄 진료 등 다양한 방문 진료

도 있다. 그럴 뿐만 아니라 요가 프로그램 같은 운동 교실이나 힐링 센터를 운영하는 동네 의원도 생각보다 많다. 심지어 강연이나 음악회를 열어주는 병원도 있다. 다시 말해 프로그램 자체는 차별화라고 말하기보다 특별하다고 말할 수 있다. 하지만 앞의 사례들을 차별화로 만들 방법이 있다. 바로 '스토리'를 입히는 것이다.

다시 말해, 차별화 포인트를 정한 후, 스토리를 입히면 그것이 우리 병원의 경쟁력이 된다. 물론, 스펙타클한 감동이 있는 스토리가 있다면 좋겠지만, 어떻게 그런 스토리가 있을 수 있겠는가? 억지로 지어서 하는 것보다는 솔직하게 이야기를 만들어 쓰는 것이 좋다. 평범한 이벤트를 공지하는 것이 아니고, 우리 병원에서 하는 것의 이유가 무엇인지, 어떤 의도로 하게 되었는지를 알려주는 것이다. 그것이 입소문을 만든다. 예를 들어보자.

– 수술 후 환자들에게 방문 진료를 하는 A척추병원

"우리 병원에서는 수술 후 몸이 불편한 환자들을 위해 방문 진료를 합니다." 이것이 아니라 다음과 같이 해보자.

"병원을 처음 개원했을 때가 벌써 20년이 넘었습니다. 척추나 무릎 수술을 한 분 중에는 경과를 보기 위해 병원을 다시 찾는 것이 어려운 분들이 꽤 많다는 것을 알게 되었습니다. 어떻게 하면 그 어려움을 덜어드릴 수 있을까? 어떻게 하면 그분들에게 힘이 되어드릴 수 있을까? 고민했습니다. 그리고 병원이 직접 그분들을 찾아가기로 했습니다. 감사하게도 지난 20년간 15만 명의 환우들을 찾아뵐 수 있었습니다. 그 시간이 있었기에 저희도 있을 수 있었습니다" 이렇게 스토리를 입혀라.

- 물리치료가 없는 요일에 요가 수업을 여는 B통증의학과

"토요일에는 병원에서 요가 수업을 합니다." 이것이 아니라 다음과 같이 해보자.

"저는 의사로서 환자분들의 통증 치료에 도움을 드릴 수는 있지만, 더 건강하게 운동하며 평생을 누릴 수 있기를 바라는 마음을 늘 가지고 있습니다. 그래서 매주 토요일에는 모든 물리치료를 잠시 멈추려고 합니다. 그리고 요가 강사를 모셔와 여러분들의 생활에서 할 수 있는 운동에 대한 정보를 드리려고 합니다. 이 지역에서 여러분과 함께 하는 시간 동안 여러분이 항상 건강했으면 좋겠습니다" 이렇게 스토리를 입혀라.

- 병원 한 층 위에 힐링 센터를 열어 건강교실을 만든 김포의 C내과

"우리 병원 4층에 건강교실을 비롯한 힐링 센터를 열었으니 많은 관심 가져주십시오"보다는 다음과 같이 해보자.

"환자분들을 진료하다 보면, 이것도 말씀드리고 싶고, 저것도 말씀드리고 싶을 때가 너무 많습니다. 하지만 부족한 진료 시간에 많은 것을 말씀드리지 못하는 것이 늘 너무 아쉬웠습니다. 그래서 이번에 크게 마음먹고 힐링 센터를 오픈했습니다. 물질적인 이익을 위

해서 만든 것이 전혀 아닙니다. 진료 시간에 못다 전해드린 많은 내용을 잘 전달해드리고, 만성 질환을 비롯해 환자분들이 질병에서 조금 더 자유로울 수 있도록 돕고 싶은 마음입니다. 어떤 질환이라도 궁금한 점은 언제든지 한 층 위로 올라가 질문하셔도 좋습니다. 그리고 매월 첫 주 목요일 점심 시간에는 다양한 주제로 소통을 하려고 합니다. 시간이 되시는 분은 꼭 참석해주세요" 이렇게 스토리를 입히는 것이 훨씬 좋지 않은가?

이렇게 차별화 포인트에는 반드시 스토리가 있어야 한다. 왜냐하면 입소문은 스토리로 전해지기 때문이다. 스토리를 만드는 것은 간단하다. 우리 병원에서 강조하고 싶은 사항에 그것을 왜 생각하게 되었는지를 이야기로 풀어내면 된다. 왜 방문 진료를 하는지, 왜 요가 수업을 하게 되었는지, 왜 건강교실을 열게 되었는지, 어떤 생각을 가지고 환자들을 진료하는지 등 이런 원장님의 이야기로 풀어낸 것들이 동네 의원의 가장 강력한 차별화 포인트가 된다. 잘 생각해보라. 다른 사람에게 무엇인가를 설명할 때, 우리는 이야기로 설명을 한다. "그 원장님이 그런 생각으로 그걸 만들었대. 그 병원에 예전에 그런 일이 있었대. 그 병원은 그런 일을 한다던대?" 이런 식으로 스토리가 전해지며 입소문을 만든다는 것을 기억하자.

그럼 우리 병원을 차별화할 수 있는 스토리 포인트가 뭐가 있을까? 다음 순서로 찾아보자.

1단계 : 가장 집중하고 싶은 진료 항목을 뽑아라.

(예 : 대장내시경 검사)

2단계 : 그 진료 항목에 필요한 것이 무엇인지 생각하라.

(예 : 꼼꼼하고 섬세함 / 안전한 소독)

3단계 : 그것을 잘하는 이유에 본인의 스토리를 담아라.

(예 : 꼼꼼하게 일을 처리하는 습관이 생긴 이유, 결벽증이 있는 것처럼 완

벽하게 소독하는 이유 등)

이런 스토리가 있어야 환자들 머릿속에 각인되고, 입소문을 만들
어낸다.

"거기, A내과로 가봐. 대장내시경은 소독을 잘해야 한대, 원장님
이 결벽증이 있는 것처럼 완벽하게 소독한다고 하더라고. 게다가 뭐
의대에서도 꼼꼼하게 노트 정리하는 거로 소문이 난 사람이었다나?
엄청 꼼꼼하게 본다고 하니까 거기 가서 검사해." 이렇게 말이다.

목적이 없는 병원은
망한다

[비밀 2]

"왜 개원하셨나요?"

"어떤 병원이 되길 원하셨나요?"

경기도 남양주에 내과를 개원한 원장님을 찾아갔다. 봉직의로 있을 때부터 친분이 있었던지라 편하게 원장님께 여쭤봤다.

"원장님. 왜 개원하셨어요?"

"아…. 언제까지 페이 닥터로 있을 순 없잖아. 나이 45세, 50세가 넘어도 계속 페이 닥터로 일한다고 생각하면 앞이 막막하니까, 나도 그렇고 다들 어쩔 수 없이 하는 거지 뭐….'"

솔직한 심정이다. 실제로 요즘 개원해서 봉직 때보다 더 많은 돈을 버는 비율이 50%밖에 안 된다고 한다. 그러니 15년 전에는 개원만 하면 돈을 벌었으니 부푼 기대감으로 개원을 했겠지만, 지금은 기대감보다는 어쩔 수 없이 하는 개원에 대한 불안감이 더 큰 것이

사실이다.

다시 원장님께 여쭤봤다.

"원장님, 그럼 이 지역에서 우리 병원이 어떤 존재가 되길 원하시나요?"

원장님은 그냥 나를 보며 살짝 멋쩍은 듯 웃으며 이렇게 말했다.

"뭐 존재까지야. 그냥 편하게 찾아올 수 있는 병원이면 되는 거지. 뭐 좀 바라는 게 있다면 검진을 좀 많이 하고 싶은데 어떻게 될지 모르겠네…."

이 책을 읽는 원장님들께도 같은 질문을 던지고 싶다.

"왜 개원을 하셨나요?"

"우리 병원이 어떤 병원이 되길 원하시나요?"

미션, 비전, 핵심가치

차를 운전하고 있는데, 목적지가 없이 달릴 수 있는가? 물론 있다. 운전 연습을 한다거나 기분전환을 위한 드라이브라면 목적지가 없이 운전할 수 있을 것이다. 하지만 언제까지 목적지가 없이 계속 운전할 수 있을까?

병원에서의 목적지는 바로 '미션, 비전, 핵심가치'다. 이것이 없다면, 분명 뭔가 잘못된 것이다. 종착지 없이 운전하는 것과 같다. 미션, 비전, 핵심가치는 이미 우리 병원에 반드시 가지고 있어야 한다. 미션, 비전, 핵심가치는 큰 기업에서나 만드는 것으로 생각하는 원장님들이 있다. 하지만 작은 사업장일수록 더 필요하다. 왜냐하면 이 목적에 따라서 바뀔 수 있는 사업의 행동들이 더 많아지기 때문이다.

동네 토스트 가게를 열었다고 생각해보자. '우리 동네 사람들에게 가장 건강한 한 끼를 제공한다'라는 [미션]과 '모든 토스트에 5대 영양소를 골고루 넣는다'라는 [비전], '정직, 성실, 신속'이라는 [핵심가치]를 세웠다고 하자.

이 미션과 비전과 핵심가치를 진심으로 세운 것이라면 토스트 가게를 운영하는 데 정말 많은 영향을 준다. 메뉴를 개발하고, 식재료를 구입하고, 매장을 청소하는 등 토스트 가게를 운영하는 전반적인 모든 것에 영향을 줄 것이다.

하지만 규모가 큰 기업에서는 이러한 미션, 비전, 핵심가치가 사업의 큰 방향성은 제시하겠지만, 독립적인 형태로 존재하는 조직이 많기에 모든 것에 영향을 주기는 힘들다. 따라서 작은 사업장일수록 미션, 비전, 핵심가치가 더 중요하고, 반드시 필요하다.

병원의 '미션, 비전, 핵심가치'

먼저, 와 닿지 않는 이 단어들이 무엇을 말하는지 생각해보자. 미션은 우리 병원이 추구하는 궁극적인 목표이다. 비전은 궁극적인 목표를 달성하기 위해 한 단계씩 나아가는 행동 지침이라고 생각하면 된다. 마지막으로 핵심가치는 이 행동 지침을 실행하기 위해 갖춰야 할 역량이라고 생각하면 된다.

구글로 '진료과 + 미션 비전'을 검색해보라. 이미지 항목을 보면 전국의 수많은 병원의 비전과 미션을 볼 수 있다. 들어가서 직접 보라. 비슷한 양식에 비슷한 문구가 적혀 있는 많은 병원을 볼 수 있을 것이다. 하지만 이렇게 형식적으로 억지로 만드는 것은 소용이 없다. 오히려 멋있는 말은 아니지만, 진심이 우러나는 것이 더 중요하다.

다음은 한 내분비내과의 미션, 비전, 핵심가치다. 형식적인 문구에서 벗어나 병원이 추구하는 진정한 마음이 전해진다.

Mission
당뇨병 걱정 없이 평생을 누리실 수 있도록 해드리고 싶습니다.

Vision
그 어떤 의사보다 더 많이 당뇨병을 연구하겠습니다.
한 명의 환자가 천하보다 귀하다는 생각을 늘 하겠습니다.
우리 병원을 통해 환자들이 삶이 기쁘면 우리도 기쁩니다.

Core Value
사랑하고, 연구하고, 실천하겠습니다.

이렇게 정해진 틀은 없다. 미션은 우리 병원이 궁극적으로 추구하는 목표, 비전은 목표를 이루기 위한 한 걸음 단계, 핵심가치는 한걸음 가기 위한 행동 역량이라고 생각하고 고민해보자.

닭이 먼저인가 알이 먼저인가? 이렇게 비전, 미션, 핵심가치를 만들어보라고 하면 굉장히 어려워하고, 만들지 못하는 병원도 많다. 왜냐하면 이렇게 선한(?) 생각을 해보지 않았기 때문이다. 그냥 내 일이니까 열심히 한다는 생각만 하다가 여기에 의미를 부여하려고 하니, 너무 어려운 것이다. 그렇기 때문에 내가 이런 생각이 있어서 한다는 것보다, 목표를 세우고 그것에 맞춰가겠다는 하는 것이 더 마음 편할 것이다.

나는 소록도에서 2,300시간을 보냈다. (아마도) 태생이 기버이기 때문에 대학교에 들어가서 이웃들에게 의미 있는 무엇인가를 하고 싶었다. 무엇을 할까 생각하다가 봉사활동을 하기로 했다. 그래서 찾게 된 곳이 소록도였다. 평생을 그 섬에서 나와 보지 못하고 사신 한센병이 있는 어르신들은 내 생각에 가장 소외되고 외로운 이웃이었다. 처음에는 2주 동안 가서 열심히 봉사활동을 하며 많이 돕고 오는 것이 내 목표였다. 하지만 돌아올 때 느꼈던 그 기쁨과 감사가 어찌나 큰지, 그 이후 여름, 겨울방학이 되면 2주씩 소록도에 내려가서 6년을 한결같이 그 어르신들과 함께 보냈다. 갈 때마다 그곳의 어르신들께 항상 벅찰 정도의 삶의 에너지를 얻고 다음 한 학기를 보냈던 것 같다. 만약 처음으로 돌아가 이웃들에게 의미 있는 무엇인가를 하겠다는 내 인생의 미션이 없었다면 나는 그곳에 가지 못했고, 그곳에서 경험하고 깨달은 기쁨과 감사도 얻지 못했을 것이다. 이렇게 개인의 인생에도 미션과 비전은 반드시 필요하다.

병원도 마찬가지다. 병원에도 미션, 비전, 핵심가치가 있어야 한다. 지금은 당장 만들기가 어려울 수 있다. 하지만 의료인으로서의 사명과 추구하고 싶은 삶의 의미를 담아서 만든다면 정말로 멋진 미션과 비전과 핵심가치를 만들 수 있을 것이다. 그리고 이것들을 실천하려고 조금씩만 노력한다면 환자들로부터 받는 칭찬과 본인이 일하며 느끼는 만족감에 새로운 경험을 하게 될 것이라고 확신한다.

주의 사항

인류의 생명 연장을 위해, 글로벌 넘버 원 등 말은 멋있지만, 현실감이 떨어지는 것은 지양해야 한다. 이것을 만드는 궁극적인 목표는 마음과 행동의 변화에 있다. 그러니 마음이 움직일 수 있는 현실성 있는 것으로 만들어야 한다.

주의할 점이 하나 더 있다. 예전 한 원장님에게 병원의 미션과 비전과 핵심가치를 만들어야 한다고 알려주었다. 그다음 방문해서 원장님께 한 번 생각해보셨는지를 여쭈었을 때, 정말 놀라운 답변을 들었다.

"실장한테 괜찮은 것으로 한 번 생각해보라고 했는데 아직 아무

말이 없네."

나는 더 이상 말하지 않았다. 똑똑한 직원에게 멋있는 핵심가치를 만들어보라고 하는 원장님들이 꽤 있다. 이는 정말 만들지 않는 것보다 못하다.

물론 병원의 핵심가치는 직원과 공유가 되어야 한다. 하지만 직원이 만들어서는 안 된다. 병원의 선장인 원장님이 만들고 직원들의 공감을 얻어내야 한다.

이 책의 4장에는 직원 관리에 대한 내용이 나온다. 병원은 혼자 경영하는 것이 아니다. 직원이 단 1명이라도 그 직원과 함께 경영하는 것이다. 그 직원도 우리 병원의 방향성에 대한 공감이 있어야 한다. 당연히 원장님의 소통 능력이 중요할 것이다.

"이게 오늘부터 우리 병원의 미션과 비전과 핵심가치야"라면서 보여주는 것은 소통이라고 할 수 없다. 이것을 보여주면서 원장님이 가진 생각과 직원이 느끼는 것을 나누고 어떻게 이에 맞춰 행동해야 하는지를 함께 생각해보는 것이 소통이다.

직원들이 함께 모여서 이것을 만들면 가장 이상적이겠지만, 현실적으로 그것은 쉽지 않다. 오너인 원장님이 직접 만들고 그것에 맞춰 직원들과 공유하고 소통하며 함께 만들어나가는 것이 중요하다.

뒤로 미루면 절대 나중에 만들지 못한다. 오늘은 이 책을 덮고 우리 병원의 '미션, 비전, 핵심가치'를 만들어보자.

- 미션 : 우리 병원이 어떤 존재가 되길 원하는가?

- 비전 : 그런 존재가 되기 위해 어떤 것을 해야 하는가?

- 핵심가치 : 그것을 하는 데 필요한 역량이 무엇인가?

잘되는 병원을
벤치마킹하라

인천에 있는 J내과는 평균 일매출이 1,000만 원이 넘는 잘되는 내과, 검진센터다. 병원의 입지 자체는 그렇게 좋은 곳이 아니다. 건물에는 주차장도 없고, 동네는 새로 지은 아파트도 없고 이미 길 건너편에 내과 2곳과 가정의학과 1곳이 자리 잡은 지 15년 이상 된 동네 상권이다. 그런데 환자가 정말 점점 늘어나서 지금은 3명의 의사를 더 모셔와 원장님까지 4명의 의사가 진료하고 있다. 공간이 부족해지자 2개 층을 더 임대해 확장했다.

이 병원은 분위기부터가 다르다. 전체적으로 옅은 갈색 인테리어와 간접 조명으로 눈이 피로하지 않고 마치 카페에 온 듯한 편안한 느낌이 든다. 또한 동네 내과라 하기에 무색할 정도로 대기실 벽면에 병원의 비전과 내시경 경험, 각종 질환에 대한 증상과 치료법에 관한 내용을 정말 깔끔하게 정리해서 환자들에게 보여주고 있다. 뿐만 아니라 2대의 TV를 설치해놓고 영상을 통해 질환 관리와 검사의 필요성과 우리 병원의 실력을 신뢰할 수 있도록 정보를 제공하고 있다. 결정적으로 직원들이 환자들을 대하는 모든 접점마다 매뉴얼을 만들어 모든 환자에게 일관된 병원 이미지를 심어줄 수 있도록 항상 유지하고 있다.

그런데 지금 이 병원이 잘되고 있다고 말하려는 것이 아니다. 진정한 승리자인 J내과 원장님 후배 의사에 대해 말을 하고 싶다. 어느날 J내과 원장님에게 대학 후배가 찾아왔다. "개원하려고 하는데 정말 어떻게 해야 할지 아무것도 모르니, 원장님의 병원을 네트워크 병원처럼 해서 그대로 따라 해도 되겠냐"라는 부탁이었다. 원장님은 고민 끝에 승낙했고, 그 후배 의사는 조금 떨어진 경기도에 같은 이름과 똑같은 디자인으로 개원했다. 그리고 지금 그 병원도 무척 잘된다. 진정한 승리자는 이 후배 의사라고 생각한다.

환자들이 좋아하고 만족하는 병원은 분명히 특별한 특징이 있다. 그리고 잘되는 병원은 그 점을 정확히 잘 알고 있다. 실제로 J내과 원장님도 후배에게 병원의 노하우를 알려주며 약속한 것이 있다. 그것은 단지 인테리어만 따라 하는 것이 아니라, 병원의 홍보 방법과 직원 관리, 환자 관리 방법까지 똑같이 따라 해야 한다는 조건이었다. 잘되는 병원은 이유가 있다. 그것을 벤치마킹하면 된다.

일주일 중 하루의 반나절을 휴진하는 원장님이 꽤 있다. 그러면 나는 항상 물어본다. "혹시 휴진하는 날 다른 병원에도 가보시나요?" 그런데 지금까지 이 질문을 던진 원장님 중에 단 한 명도 진료를 받기 위해서가 아니라 다른 병원을 관찰하러 가봤다는 원장님은 만나보지 못했다. 식당을 경영하더라도 전국에서 손꼽는 맛집이 아니라면 늘 더 발전하기 위해 같은 음식의 다른 식당을 찾아가 먹어보는 노력을 해야 한다. 다른 곳은 같은 메뉴로 어떻게 요리를 하는지 어떻게 플레이팅을 하고 어떤 음식들과 조화를 만들어내는지를 연구해야 한다. 그런데 병원을 개원한 원장님은 그러한 노력을 전혀 하지 않는 것 같다. 병원에 찾아오는 제약회사, 의료기기, 소모품 등의 영업사원이 주는 정보는 직접 보고 느끼는 것과는 완전히 다르다. 휴진일이 없어서 갈 수 없다면 어쩔 수 없지만, 시간이 있다면 꼭 찾아가서 직접 보길 바란다.

가장 좋은 발명은 모방이라는 말이 있다. 개원할 때는 여기저기 관심 있게 다른 병원은 어떠한지 살펴보고 참고하려고 하는데, 막상 개원한 뒤에는 다른 병원은 어떠한지 어떻게 진료의 차별화를 두고 있는지 전혀 관심이 없다. 그냥 초진 환자가 줄어들면 불황이구나, 비수기구나 환자가 줄었구나 이렇게 생각하고 말아버린다. 제약회사가 가져다주는 포스터를 그냥 붙여 놓고, 여름에도 독감, 겨울에도 아무런 변화가 없이 그냥 하루하루 찾아오는 환자들만 맞이한다. 근처에 다른 젊고 패기 있는 원장님이 같은 진료과를 개원하면 그 경쟁 병원을 이길 힘이 없이 주저앉는 병원도 많이 봤다. 개원한 이후에도 지속해서 다른 잘되는 병원들을 벤치마킹해라. 그것이 우리 병원이 잘되는 방법이다.

"요즘 다른 병원은 어떤가요?" 원장님들을 만나면 요즘 다른 병원은 어떤지에 대한 질문을 상당히 많이 받는다. 특히 경기가 좋지 않거나 비수기일 때는 이러한 질문을 더 많이 받는다. 그런데 한번 생각해보자. 이렇게 질문하는 원장님의 목적이 뭘까? 다른 병원은 잘된다는 말을 듣고 벤치마킹하고자 묻는 걸까? 아니다. 진짜 그럴 목적으로 물어봤다면, 분명 지금도 병원이 잘되는 분들일 것이다. 그리고 그분들은 다른 병원은 어떤지 묻지 않았을 것이고, 구체적으로 특정 병원을 찍어서 그 병원은 요즘 무엇을 하는지를 물었을 것이다. 그냥 요즘 다른 병원은 어떠냐고 묻는 진짜 이유는, 다른 병원도 힘들다는 이야기를 들으며 자기 위안으로 삼고자 하기 때문이다.

왜 하루에 9시간을 진료실에 앉아 찾아오는 환자들만 기다리며, 환자들이 없을 때는 '입지 탓, 날씨 탓, 계절 탓, 심지어 직원 탓'을 하며 불평만 하고 있는가? 아무리 불황이라 해도 잘되는 병원은 여전히 잘된다. 그 잘되는 병원을 벤치마킹하라!

무엇을 어떻게 하면 될까? 크게 3가지를 벤치마킹하면 된다.

홍보, 마케팅을 어떻게 하고 있는가?
진료 면담을 어떻게 하고 있는가?
직원 관리를 어떻게 하고 있는가?

자! 이제 2장부터 앞의 내용을 마치 직접 벤치마킹한 것 같이 알려드리겠다. 2장에서는 초진 환자들을 오게 하는 방법에 대해서 말한다. 잘되는 동네 의원들, 그중에서도 급여과 의원들은 어떻게 홍보, 마케팅하고 있는지와 온라인, 오프라인, 내부 마케팅에 대해 알려드릴 것이다. 동네를 상대하는 급여과 의원들에게 비용을 지불하며 광고를 하라는 것은 정말 현실성이 너무 떨어진다. 하지만 무료로, 그냥 쉽게 할 수 있는 마케팅들도 많이 있다. 적어도 그것들은 해야 하지 않을까? 그것들을 알려드리겠다.

3장에서는 동네 의원의 최고의 무기인 대면 진료의 커뮤니케이션 스킬에 대해서 알려드릴 것이다. 환자가 몰리는 병원의 원장님은 어떻게 진료를 하고 있는지, 환자들은 어떤 포인트에서 만족과 감동을 느끼는지 알려드리겠다.

4장에서는 직원 관리에 대해서 알려드릴 것이다. 어떻게 해야 직원들도 부담을 갖지 않으면서 환자들이 만족을 느끼며 칭찬을 하게 되는지에 대해서 알려드리겠다.

그리고 반드시 명심할 것이 있다. 앞으로 장마다 내용을 실제 적용을 할 때는 1장에서 말한 마인드에 대한 내용을 항상 기억하고 실천하며 행동에 담아야 한다.

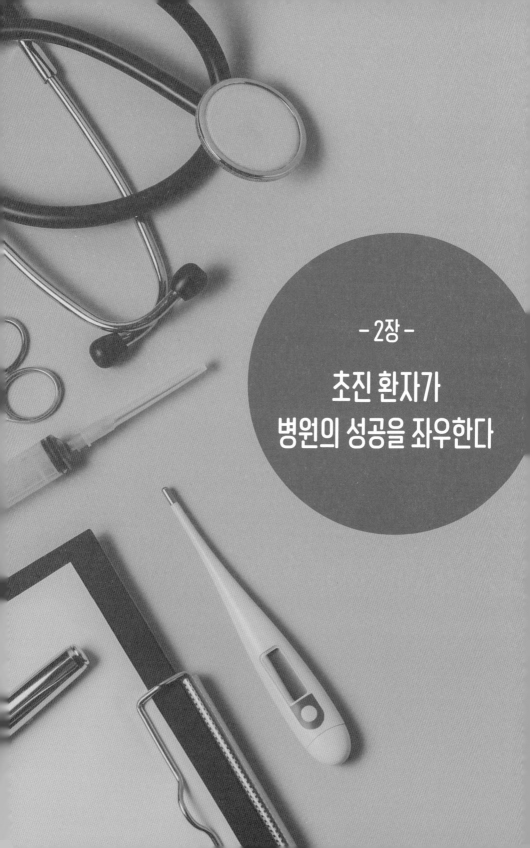

- 2장 -

초진 환자가
병원의 성공을 좌우한다

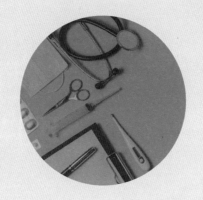

초진 환자가
병원의 성공을 좌우한다

　동네 의원이 잘되는 방법은 간단하다. 초진 환자가 또 아플 때 우리 병원을 다시 찾아오면 된다. 그러면 환자들이 쌓이게 되고, 그 병원은 갈수록 성장하게 된다. 어찌 보면 뻔하지만 이보다 명확한 로직은 없다.

　이렇게 잘되는 병원들은 3가지 공통점이 있다.
　첫 번째는 초진 환자가 **유입되는 방법**을 잘 알고 있다.
　두 번째는 초진 환자가 **병원에 왔을 때 신뢰감**을 느끼게 한다.
　세 번째는 그 상태에서 **진료를 받았을 때 만족감**을 느끼게 한다.

　그랬을 때, 그 초진 환자는 다시 내원하게 된다.
　그렇다면 구체적으로 어떻게 하면 될까?

초진 환자를 유입하는 방법은 무엇일까?

초진 환자가 병원에서 신뢰감을 느끼는 포인트는 무엇일까?

초진 환자가 진료에서 만족을 느끼는 포인트는 무엇일까?

바로 이 3가지 질문에 답을 알고 그것을 실천하면 된다. 잘되는 병원은 이것을 의도했든 의도하지 않았든 지키고 있는 것이다. 반면, 성장이 멈추고 하락하는 병원은 이 중에 무엇인가가 잘 안 되고 있는 것이다.

첫 번째, 초진 환자를 유입하게 하는 방법은 무엇일까? 초진 환자를 유입하기 위해서는 오프라인과 온라인에서 병원에 대해 '더 많이', '제대로' 알려야 한다. 이를 마케팅이라고 한다. 간판을 보고 혼자 걸어온 환자도 우리 병원의 오프라인 마케팅을 통해 찾아온 것이고, 주변 지인의 소개로 찾아온 환자도 따지고 보면 오프라인 입소문 마케팅을 통해 찾아온 것이다.

그런데 마케팅이라고 하면 동네 급여과 의원들은 그냥 딴 나라 이야기라 생각한다. 뭐 그것이 당연할 수도 있다. 마케팅이라고 하면, 비용을 많이 지출해야 할 것 같은 기분이 들기 때문이다. 초·재진 평균 진찰료 1만 5,000원에서 2만 원 정도의 객단가로 하루 환자 100명을 보는 의원에서는 마케팅이란 먼 나라 이야기인 것이다.

심지어 마케팅에 관심이 있는 원장님들조차도 시중에 나와 있는 병원 마케팅에 관한 책과 정보들을 찾아보다 보면 동네 의원에서는 필요 없는 거라는 생각이 더 확고해진다. 왜냐하면 시중에 나와 있는 병원 마케팅과 관련된 100여 권이 넘는 책들이 하나 같이 마케팅 업체들을 홍보하며, 광역권 광고 채널들을 이야기하고 있기 때문이다. 그러니 동네 급여과 의원 원장님들은 이런 이야기에는 관심이 없는 것이다.

이 책은 조금 다르다. 객단가가 높아 마케팅을 꼭 해야 하는 성형외과, 피부과, 안과의 마케팅을 말하고 있지 않다. 이 책은 우리 동네의 가벼운 질환을 책임지는 동네 급여과 의원이 대상이다. 같은 동네에 있는 경쟁 의원이 아닌, 우리 의원으로 더 많은 초진 환자가 오게 하고, 한 번 온 그 환자가 다음에 다시 내원할 수 있게 하는 노하우에 대해서 말하려고 한다. 게다가 병원에 도움을 줄 수 있는 사람이 없다는 가정하에 원장님이 직접 할 수 있는 것들만 담았다. 순서대로 읽기가 어렵다면, 목차를 확인한 후 '무료 온라인 마케팅 5가지', '필수 오프라인 마케팅 3가지', '무료 오프라인 마케팅 4가지'를 보시라.

두 번째, 초진 환자가 병원에서 신뢰감을 느끼는 포인트들은 무엇일까? 지금부터 이어지는 내용을 아우르는 한 가지는 병원의 신뢰감이다. 병원에 찾아온 환자들은 아무리 작은 병이라고 할지라도 무의식적으로 생각한다. '이 병원의 의사가 내 병을 잘 치료할 수 있을까?' '오진하지는 않을까?' '병원에서 쓸데없는 것을 제안하며 바가지를 씌우지는 않을까?' 이런 것들 말이다. 그래서 오히려 동네 병원이 번쩍이는 으리으리한 인테리어나 너무 장사꾼 같은 광고들이 가득하면 환자에게 반감을 살 수도 있는 것이다.

그래서 환자들이 병원에 신뢰감을 느끼는 포인트들을 알려드리겠다. 병원의 인테리어, 내부에 놓으면 좋은 자료들, 진료실에서의 원장님의 말과 태도 같은 것 말이다.

세 번째, 그 상태에서 환자들이 진료를 받을 때 진료의 만족감을 느끼게 한다. 누가 뭐라 해도 병원의 핵심 상품은 진료다. 환자들이 진료에서의 만족감을 얻지 못하면 그 병원을 다시 찾지 않는다. 그러면 만족은 어디서 오는가? 만족은 기대를 충족했는지로 결정된다. 아주 다행인 것은 동네 의원에 내원하는 환자들의 기대 수준이 낮다는 것이다. 그래서 3장에서 말씀드리는 진료 커뮤니케이션 스킬만 갖추고 있다면 거의 모든 환자가 만족할 수 있을 것이라 확신한다. 마케팅에 정말 하나도 관심이 없다면, 2장을 건너뛰고 3장의 진료 커뮤니케이션 부분을 읽으셔도 좋다.

그렇다면 이제부터 마케팅이란 무엇인지, 초진 환자를 어떻게 오게 할 것인지, 내원한 환자들에게 어떻게 신뢰감을 줄 수 있을지에 대해서 하나씩 살펴보자.

병원마다 맞는 마케팅은
따로 있다

'초·재진 진찰료 평균 15,000원.' 이 객단가로는 동네 가정의학과에서 정신없이 하루에 100명을 25일 매일 진료해도 한 달에 3,750만 원밖에 되지를 않는다. 인건비, 임대료, 공과금, 재료대를 비롯한 1,500만 원 남짓을 지출하고, 세금 낼 돈을 빼놓으면 원장님 수중에 남는 돈은 2,000만 원 언저리밖에 되지 않는다. 물론, 누구는 많다고 하겠지만, 현재 종합병원 봉직의 네트 급여가 1,300만 원 이상인 것을 감안하면, 퇴직금도 없이 이것저것 신경 쓸 것이 많은 개원의치고는 결코 많은 금액이 아니다. 그것도 하루에 100명을 매일 진료했다는 전제하에 말이다. 그러니 기본 진료의 퀄리티를 높이기보다는 객단가가 높은 진료 항목에 더 집중하게 되는 것도 어느 정도 이해가 된다.

이번 장에서는 마케팅에 관해 이야기하려고 한다. 마케팅이라고 하면 동네 의원에서는 자신과 상관없는 이야기라고 생각한다. 왜냐하면 마케팅이라는 말을 들었을 때 머릿속에 떠오르는 것들이 버스 광고, 옥외 광고, 현수막 광고, 검색 광고, 블로그 광고, 유튜브 광고 등 대형 광고 채널들만 생각나기 때문이다. 이런 채널에 광고하는 것은 많은 비용이 든다. 그리고 동네 의원의 매출은 그 비용을 감당하기가 쉽지 않다. 하지만 마케팅은 이러한 대형 채널에 광고하는 것만을 의미하지 않는다. 결국, 최고의 마케팅은 '입소문'이라고 하지 않는가? 우리 병원의 입소문을 낼 수 있는 모든 것들이 마케팅 채널이다. 그런 차원에서 무료로 할 수 있는 마케팅 방법들도 굉장히 많다. 그것들에 대해서 알려드리려고 한다.

무료 마케팅 채널을 알아보기 전에 먼저, 다음의 내용을 한번 생각해보자.

'원장 한 명이 진료하는 동네의 소아청소년과 의원에서 버스 광고를 하는 것이 의미가 있을까?' 아마 대부분 의미가 없다고 생각할 것이다. 하지만 정답은 의미가 있을 수도 있고, 없을 수도 있다.

만약 평범한 동네 소아청소년과에서 버스 광고를 한다면 편견 그대로 의미가 없을 수 있다. 혹여나 광고 효과로 인해 더 많은 환자가 왔다고 하면, 제한된 진료 시간 안에 진료의 퀄리티만 저하되고 결국 광고를 하기 전보다 더 좋지 않은 결과를 낳을 수도 있다.

하지만 특화 진료를 하고 있다면 다른 이야기가 된다. 인천의 L소아청소년과는 소아 족부 클리닉을 운영한다. O자형 다리, X자형 다리, 안짱다리, 평발, 척추측만증 등을 교정하는 특화 진료를 하고 있다. 객단가가 40만 원이 넘는다. 또 다른 S소아청소년과는 신생아 귀 교정이라는 특화 진료를 하고 있다. 병원에서 특허를 낸 신생아 귀 교정기로 진료와 함께 치료하고 있다. 이 역시 객단가가 30만 원이 넘는다. 그 밖에 안양의 M소아청소년과는 아토피 레이저 치료를 특화 진료로 하고 있다. 이 역시 객단가가 20만 원을 넘는다.

3곳 모두 1인 진료를 하는 의원이지만, 근처의 주택가를 상대로만 진료하지 않는다. 심지어 강원도, 제주도에서도 환자들이 찾아온다. 만약 이러한 특화 진료를 하고 있다면 버스 광고만이 아니라 블로그와 유튜브, 키워드 광고도 하는 것이 맞다고 생각한다. 그래야 더 많아지는 환자들로 2진료실, 3진료실을 확장하고 시스템 경영을 할 수 있게 된다.

마케팅은 이렇게 병원을 홍보하고 우리 병원을 알지 못했던 사람들에게도 병원을 알리면서 잠재 고객들을 찾아낼 수 있다. 동네 의원에서도 나름 객단가가 높은 진료 항목을 하는 곳이 꽤 있다. 그럴 경우는 객단가에 맞는 적절한 광고를 하는 것이 효과적이다. 그래서 무료 마케팅에 대해서 말씀드리기 전에, 유료 마케팅을 고민하는 원장님들을 위해 간단히 팁을 드리고 난 뒤, 모든 병원에 적용할 만한 정보를 드릴까 한다.

오프라인 마케팅 채널	온라인 마케팅 채널
버스	유튜브
지하철	홈페이지
옥외	블로그
상업용 현수막	검색 키워드
아파트 게시판	인스타그램
주변 마트	페이스북
지역 신문 매체	온라인 뉴스기사
전단지	방송 출연

앞의 표는 오프라인과 온라인의 마케팅 채널들이다. 어떤 채널이 더 좋고, 어떤 채널은 좋지 않다는 말할 수는 없다. 어떻게 활용하느냐에 따라서 완전히 달라지기 때문이다. 게다가 어느 진료과는 이 채널이 가장 좋고, 이 채널은 안 된다고 말 수도 없다. 병원에 상황과 목적과 목표에 따라서 해야 할 광고 채널들이 다 달라지기 때문이다. 그런데도 공통으로 꼭 해주고 싶은 말이 2가지 있다. 이 2가지로 광고의 활용과 효과가 완전히 달라질 것이다.

첫 번째, 광고 대행 회사를 찾을 때는 5곳 이상을 컨택하라.

어느 날 길을 가는데 버스 측면에 너무 익숙한 내 담당 병원 이름이 나오는 게 아닌가? 버스 옆에 하얀색 바탕에 주황색으로 '건강검진, 국가검진, 5대 암검진 ○○○내과' 이게 전부였다. 광고 디자인과 문구가 너무 허접했다. 다음 날 병원에 찾아가서 광고를 봤다고 말을 하며 어떻게 광고회사를 선택했냐고 물어봤다. 눈물이 났다. 지인이 소개해줬다는 것이다. 거기는 병원 전문 광고회사도 아니었다. 동네에 있는 조그마한 간판 회사였다. 그래서 1차 계약 기간이었던 3개월이 지난 뒤에, 내가 소개해드린 업체로 변경했다. 같은 비용을 지불하고 훨씬 좋은 퀄리티로 광고 효과를 볼 수 있었다.

나는 연락이 가능한 광고대행사·실행사만 30여 곳이 있다. 그런데 그중에서 병원에 주로 연결해주는 회사는 몇 곳 되지 않는다. 정말이지 퀄리티가 완전히 다르다. 광고는 어디에 하느냐보다 어떤 내용으로 어떻게 하느냐가 훨씬 중요하다. 같은 내용이라 할지라도 어떻게 카피라이팅을 했느냐에 따라서 완전히 다른 광고가 된다. 그런데 아이러니하게도 퀄리티가 최악인 대행사에서 가장 비싼 금액을 부르는 경우도 있다. 그러니 광고를 집행하고자 한다면, 최소 5곳 이상의 회사와 컨택하라.

광고 회사를 컨택하기 전에 먼저 홈페이지에 공개된 포트폴리오를 살펴보라. 병원 광고를 전문으로 디자인하는 회사를 찾는 것이 더 좋다. 그리고 서로 다른 분야의 마케팅 회사를 컨택해도 괜찮다. 예를 들어 버스 광고를 하려고 할 때, 홈페이지나 랜딩페이지 제작을 전문으로 하는 회사를 컨택해도 괜찮다. 오히려 그들이 디자인과 문구에 대한 센스가 더 좋은 경우가 많기 때문이다.

두 번째는 활용한 온라인 마케팅 자료를 오프라인에도 활용하라.

유튜브 채널이나 블로그를 운영하는 병원이 꽤 많다. 매월 마케팅 비용으로 100만 원 이상을 쓰면서 만든 그 자료들을 그냥 온라인에 머물게 하면 너무 아깝지 않은가? 사실 우리 병원의 최고의 마케팅 채널은 원내 대기실이다. 한 번 찾은 환자들에게 우리 병원의 가치를 전해줄 수 있는 것들을 무조건 많이 알리면 좋다. 그러니 온라인 매체를 활용한 광고는 원내에서도 활용해야 한다.

예를 들어 유튜브 영상들은 따로 내려받아서 원내 TV에 방송해주고, 블로그의 자료들은 출력물로 편집해서 환자들이 대기 시간에 읽어볼 수 있도록 전해주는 것이다. 그럴 뿐만 아니라, 온라인 채널에 어떤 자료를 올리면 좋을지에 대한 오프라인 의견 참여 같은 것을 만들어 놓으면 좋다. 마케팅에서 가장 효과 좋은 방법의 하나가 참여 마케팅이다. 환자들이 직접 병원의 온라인 채널에 참여한다는 것을 느끼게 하는 것 자체가 굉장히 훌륭한 마케팅 방법인 것이다.

이렇게 외부 유료 마케팅을 하려고 고려 중이라면 이 2가지는 꼭 기억하고 실행하자.

1. 광고 대행사는 5곳 이상 컨택
2. 온라인 광고는 오프라인에서도 활용

반드시 해야 하는
무료 온라인 마케팅 5가지

[비밀 3]

    온라인 마케팅은 시대가 바뀜에 따라 계속해서 변화했다. 약 4~5년 전까지는 블로그 마케팅, 키워드 마케팅이, 최근 5년은 SNS 마케팅이나, 랜딩 페이지를 통해 환자 DB를 확보하는 타깃 마케팅이 가장 유효한 마케팅이었다. 그리고 최근에는 스토리를 입혀서 홍보하는 뉴스, 기사 마케팅과 유튜브와 같은 영상 채널을 확보하고 환자들과 소통하는 병원들이 좋은 홍보 효과를 누리고 있다. 하지만 지금 말한 이 모든 것들은 돈이 많이 들어간다. 그래서 비급여 시술·수술 병원이거나, 광역 지역을 대상으로 한 종합병원이 대부분이다.

    그렇다면 동네의 급여과 의원들이 할 수 있는, 돈도 들지 않으면서 효과가 좋은 온라인 홍보는 없을까? "있다!" 아니 더 정확히 말하면, 확실한 효과가 입증된 마케팅 방법들이 있다. 일단 그것부터 해야 한다. 아마 다음 5가지를 모두 다 해놓은 동네 의원은 100곳 중 1곳이 채 안 될 것이다. 그러니 시간을 투자해서 꼭 해놓자.

1. 검색 엔진 지역 정보(네이버 스마트 플레이스, 구글 비즈니스 프로필)

우리나라의 검색 엔진은 3~4년 전까지만 해도 네이버가 차지하는 비율이 90%가 넘었다. 전 세계에서 구글이 검색 엔진 1위를 하지 못하고 있는 나라는 우리나라가 유일하다. 그런데 현재 구글의 유입율은 40%까지 올라왔고, 앞으로 1~2년 안에 구글이 네이버를 따라잡을 것을 것으로 보인다. 뿐만 아니라 생성형 AI가 검색에 도입되면 검색 광고 시장의 판도도 완전히 바뀔 것이다. 그렇지만 그런 어떤 변화와도 상관없이 결국 검색된 우리 병원 정보가 등록되어 있지 않다면 아무런 소용이 없다.

다음 예를 보며 한번 잘 생각해보자. 만약 당신이 구월동에서 점심으로 냉면을 먹으려고 한다. 냉면집을 검색할 때 어떻게 하겠는가? 10명 중 8명은 다음 셋 중 하나의 방법으로 장소를 찾는다.

> 하나, 네이버에서 '구월동 냉면' 또는 '냉면 맛집'을 검색한 뒤, 검색된 냉면집을 하나씩 살펴본다.
> 둘, 네이버 지도를 열고 찾고 싶은 지역으로 옮겨 놓은 후, '냉면'을 검색한다.
> 셋, 인스타그램 또는 유튜브에서 '구월동 냉면'을 검색한다.

단언컨대, 이 3가지 중에서 하나의 방법으로 냉면집을 검색할 것이다. 그리고 검색된 여러 곳의 냉면집 사진, 설명, 리뷰를 보면서 가장 마음에 드는 냉면집으로 갈 것이다.

동네에서 병원을 찾고 있는 환자들은 어떨까? 환자들도 병원에 갈 일이 생기면 이와 같은 방식으로 병원을 검색한다. 소아청소년과, 비뇨기과, 산부인과 등 진료과를 검색하기도 하지만 배 아플 때, 목 아플 때, 다리 저릴 때와 같이 자신의 통증 상황을 검색할 때도 많다. 그러면 네이버의 검색 알고리즘을 타고 내가 속한 지역에서 가장 좋다고 여겨진 병원 순으로 나타나게 된다. 이것을 '네이버 플레이스 최적화'라고 한다. 그러면 환자들은 클릭을 해보게 되고, 들어가서 병원의 사진, 인사말, 진료과목, 진료 시간 등을 볼 수 있게 된다. 영업하는 모든 병원은 네이버 검색에 나오게 되지만, 병원 정보를 경쟁력 있게 넣어 놓은 병원은 정말 생각보다 많지 않다. 왜 이렇게 유용하고 중요한 홍보 플랫폼을 채워놓지 않는 것일까? 심지어 무료인데 말이다.

식당, 미용실, 그리고 여러 비급여과 병원에서는 이 네이버 플레이스 최적화를 하기 위해 굉장히 많은 비용을 쓴다. 그런데, 사실 뜯어보면 별 것 없다. 물론, 아주 구체적으로 로직을 맞추려면 이 책에서 30페이지 정도는 할애해야 할 내용은 된다. 하지만 동네의 급여과 의원들은 네이버 플레이스에 사진 한 장조차 올리지 않은 곳들이 대부분이기 때문에 정말 나를 믿고 딱 다음에 정리해놓은 3단계만 실행해보자. 이것만 해도 충분하다.

1단계 : 네이버에 '네이버 스마트 플레이스'라고 검색해라. 그리고 그곳에 들어가서 안내하는 내용대로 사업자등록증을 첨부해서 병원의 내용을 수정할 수 있는 권한을 신청하라.

2단계 : 네이버에 '네이버 지도'를 검색해서 열어놓고 전국의 다양한 지역, 진료과를 검색해서 다른 병원들은 네이버 플레이스를 어떻게 적어놓았는지를 보라(예 : 광주 소아청소년과, 부산 가정의학과, 대구 수성구 이비인후과, 청주 내과 등등 지역명과 진료과를 검색한다). 다른 병원의 네이버 플레이스를 보면서 가장 잘 되어 있다고 생각되는 3곳을 뽑는다. 아마 지금껏 다른 병원의 네이버 플레이스를 보기 위한 목적으로 검색해보지 않아서 몰랐을 뿐, 그것을 보려고 일부러 클릭했다면 뭐가 다른지 분명히 보일 것이다. 그래도 못 찾겠다면, '사진, 오시는 길, 상세설명, #해시태그, 가격표' 등의 항목들이 최대한 가득 채워져 있는 병원을 찾으면 된다.

3단계 : 선정한 3개의 병원의 내용을 참고해서 우리 병원 네이버 플레이스 내용을 가득 채워놓으면 된다. 네이버 플레이스를 상위에 노출하는 가장 기본 원칙은 항목들을 전부 사용해서 병원에 진료와 관련된 내용을 최대한 많이 적는 것이다. 그러니 다음의 항목들은 최대한 가득 채운다고 생각하고 채워넣어라.

업체 사진 : 앞에 노출되는 5장은 엄선해서 올리고, 그 밖에 올릴 수 있는 사진은 최대한 많이 올린다.

오시는 길 : 길과 관련된 문구(예를 들어 버스, 지하철, 정류소, 도보로 5분, 등)로 최대한 자세하게 설명한다.

상세 설명 : 병원의 가치관을 담은 이야기부터 진료 과목에 관한 이야기까지 A4용지 한 장을 쓴다고 생각하고 자세히 적는다.

진료 과목: 내과, 가정의학과, 이비인후과 등으로만 쓰지 말고, 통증 치료, 내시경 검사, 아토피 등 진료 항목을 구체적으로 넣는다.

이 3단계만 실행해놓는다면, 정말 단언하건대 오지 못했을 초진 환자가 일주일에 1명 이상 이것을 보고 찾아올 것이다.

마찬가지로 구글에 '비즈니스 프로필'이라고 검색한 뒤 내용을 채워 넣어라. 네이버 스마트 플레이스를 했다면, 이것은 더 쉽게 등록할 수 있을 것이다. 앞으로 구글을 통해서 검색하는 사람들이 점점 더 많이 생길 것이다. 그러니 기왕 해놓는 김에 구글도 해놓자.

2. 병원 검색 앱

똑닥, 굿닥, 병원 찾기. 아마 병원에서 사용하고 있지는 않더라도 이름을 한 번씩은 들어봤을 것이다. 이 외에도 좋은 병원을 찾거나 병원 예약에 대한 앱들이 상당히 많이 개발되어 나와 있다. 실제로 이용하는 환자들도 꽤 많다. 이것을 이용하라는 말이 아니다. 다만 이 앱 자체가 무료로 병원을 홍보하는 플랫폼이 될 수 있다는 것이다. 앞서 네이버에 우리 병원을 자세히 등록해 놓은 것 같이 이 앱에도 우리 병원의 정보를 자세히 넣어놓는 것이다. 딱 한 번만 해 놓으면 되지 않는가? 실제로 이곳에도 모든 병원이 다 검색되지만, 병원의 정보를 자세히 올려놓고 강점을 잘 어필해놓은 병원은 정말 몇 곳이 안 된다. 병원에서 이 프로그램을 이용하지 않더라도 병원 정보를 올리는 것은 대부분 무료다. 무료로 한 번만 해 놓으면 많은 잠재 고객들이 우리 병원의 정보를 볼 수 있게 된다. 꼭 해놓아야 하지 않을까?

마찬가지로 다음의 3단계만 하면 된다.

1단계 : 스마트폰의 플레이스토어나 앱스토어에서 '병원 찾기'라고 검색해서 설치한다(굿닥, 똑닥 이 외에도 열정을 가지고 여러 앱에 병원 정보를 넣기를 추천한다).

2단계 : 프로그램을 실행하고 사용자 안내 가이드에 따라 병원에 대한 정보를 넣는다(글자 수에 맞춰 넣어야 하거나 전혀 넣을 수 없기도 하다. 사진은 꼭 넣도록 한다).

3단계 : 앞서 네이버 지역 정보에 넣었던 것과 같은 병원 홍보 내용을 이곳에도 채워 넣는다. 그럼 끝이다. 앱은 이용하지 않아도 된다.

3. 모두 홈페이지

동네 의원에서 홈페이지를 가지고 있는 곳은 얼마나 될까? 통계적으로 정확히 나와 있는 데이터가 없었지만, 내가 만났던 수백 곳의 원장님 병원을 계산해보니 약 23% 정도였다. 다시 말해 동네 의원 10곳 중 7~8곳은 병원 홈페이지를 가지고 있지 않았다. 왜 만들지 않을까?

가장 큰 이유는 홈페이지의 필요성을 전혀 느끼지 못하기 때문이었다. 온라인 홈페이지로 사람들이 들어오지 않을 것이라는 생각과 더불어, 들어오는 사람들이 있다 하더라도 홈페이지 넣을 내용이 특별히 없다고 생각하는 것이다.

두 번째 이유는 홈페이지가 비싸다는 착각 때문이다. 실제로 홈페이지 제작 가격은 천차만별이다. 40~50만 원 주고 워드프레스 홈페이지를 만들 수도 있고, 세부 페이지만 100페이지 가까이 되는

3,000만 원짜리 홈페이지를 만들 수도 있다. 또한, 자체 CRM 기능 등이 있는 억 단위의 홈페이지 제작도 가능하다. 하지만 이런 홈페이지를 이야기하는 것이 아니다.

지금은 고 퀄리티의 홈페이지를 무료로 만들 수 있는 시대다. 심지어 홈페이지를 유지하는 도메인이나 호스트 비용도 전혀 들지 않고 완전 무료로 홈페이지를 쉽게 만들 수 있다. 여러 방법이 있지만 가장 좋은 것은 네이버 모두(Modoo)다. 의원 홈페이지는 네이버 모두를 이용해서 홈페이지를 만들면 충분하다. 네이버에 @정형외과, @내과 이렇게 검색해보라. @를 붙여서 검색하면 네이버 모두 플랫폼을 통해 만든 정형외과, 내과 홈페이지들이 쭉 나오게 된다. 그중에는 굉장히 퀄러티 높은 홈페이지도 많다. 이 정도 퀄러티면 충분하지 않은가? 만약 이 책을 읽고 있는 원장님이 파워포인트나 일러스트레이터 프로그램을 할 줄 안다면 완전히 무료로 홈페이지를 만들 수 있겠지만, 전혀 할 줄 모른다면 홈페이지 제작을 위해 한 20만 원만 투자하자.

다음의 단계를 따라 해보라.

1단계 : @진료과를 네이버에 검색해서 여러 병원의 홈페이지를 살펴보고 원장님 병원 홈페이지에 넣을 내용을 빈 종이에 적어본다.

2단계 : '크몽'이라는 재능기부 사이트에 등록된 프리랜서 디자이너에게 연락해서 원장님이 적어놓은 내용과 참고한 홈페이지 주소를 전달하고 이미지 파일로 받는다.

3단계 : 네이버 모두에 들어가서 안내 사항대로 무료 병원 도메인(온라인상 홈페이지 주소)을 받고, 받은 이미지 파일을 넣어 홈페이지를 완성한다.

사실, 이 과정은 카카오톡 프로필 사진을 바꾸는 것처럼 간단하지만, 이것이 어려운 원장님도 분명 있을 것이다. 그럴 때는 거래 중인 제약회사 영업사원 중 이런 분야에 밝은 사람에게 부탁하면 된다. 아주 어려운 일이 아니다. 그런데도 도움이 필요하다면, 책날개에 적혀 있는 내 메일 주소로 연락을 달라. 재능기부로 도와드리겠다. 단, 직접 끝까지 해보시고 안 될 때만 연락을 주시면 좋겠다.

4. 키워드 광고

홈페이지를 만들었다면 2가지를 해야 한다. 하나는 '네이버 스마트 플레이스'에 우리 병원 홈페이지 주소를 넣어놓는 것이고, 또 하나는 키워드 광고를 하는 것이다. 정말 생각보다 놀라운 효과를 보게 될 것이다.

키워드 광고라는 것은 구글과 네이버와 같이 온라인 검색 엔진에서 내가 지정한 키워드로 검색했을 때 우리 홈페이지가 검색되도록 광고하는 것이다. 이 키워드 광고가 구글과 네이버의 주된 수익모델이다. A라는 고객이 인터넷으로 옷을 사기 위해 '원피스'라고 검색했을 때, 네이버에 맨 꼭대기에 검색되는 '파워링크'에 노출되는 회사들은 키워드 광고를 하는 것이다. 즉, 소비자가 검색하는 키워드에 우리 회사 홈페이지가 노출될 수 있도록 광고하는 것을 키워드 광고라고 한다.

그런데 검색 맨 꼭대기에 노출하는 것이기 때문에 자리가 한정되어 있다. 만약 10개의 자리밖에 없는데 5,000명이 그 자리에 앉고 싶어 한다면 그 자리의 값은 올라갈 수밖에 없지 않을까? 그래서 키워드 광고는 검색 수가 많고 경쟁이 치열한 키워드일수록 검색 단가가 비싸진다. 실제로 여성의류, 남성의류 같은 경우는 한 번 검색해서 우리 회사의 홈페이지를 클릭하면 충전해놓은 광고 비용에서 1만원이 넘는 돈이 나가게 된다. 생각해보라. 고객이 클릭 한 번에 1만원의 광고비라니, 너무 비싸지 않은가? 하지만 그만큼 효과가 있기 때문에 그 광고비를 지불하면서도 서로 광고를 하려고 한다.

그러니 전국을 상대하는 '가정의학과'라는 키워드는 굉장히 비싸겠지만, '시흥 정왕동 가정의학과'라면 어떨까? 검색의 경쟁이 치열할까? 아니다 전혀 그렇지 않다. 심지어 광고를 단 한 명도 안 하고 있을 가능성도 높다. 그렇다면 클릭 단가가 70원으로 굉장히 저렴할 수 있다. 더 중요한 것은 이 클릭을 하는 사람들은 근처에서 실제 내원 가능성이 있는 환자들일 것이다. 그러니 이런 단어들을 여러 개 광고하라. 한 달 내내 수많은 사람이 들어와도 몇만 원 이하의 광고 비용으로 충분할 것이다. 물론 이렇게 검색해서 우리 홈페이지에 들어왔다고 해서 당장 병원에 내원할 것이라는 보장은 없다. 다만 우리 동네에서 이러한 것으로 관심이 있어 계속 검색하는 환자들에게 우리 병원을 끊임없이 노출해주는 것이 중요한 것이다. 그래서 한 달에 1만 원 정도를 투자해서 우리 병원을 동네에 광고한다고 생각하자.

키워드 광고를 하지 않더라도 네이버 스마트 플레이스에 홈페이지를 등록해놓으면 링크를 타고 들어가는 사람들의 비율이 꽤 높아진다. 키워드 광고가 복잡하고 어렵다면, 잊어버려라! 그냥 모두 홈페이지를 만든 후 네이버 스마트 플레이스에만 등록하는 것으로 하자. 그것만으로도 충분히 동네 의원 상위 20%에는 들 수 있다. 하지만 조금 더 신경 쓰고 싶다면 한 달에 1만 원 정도를 지출한다고 생각하고 키워드 광고에 도전해보자.

5. 영수증 리뷰

네이버에는 몇 년 전부터 영수증 리뷰라는 것이 생겨서 네이버 검색에서 함께 노출되고 있다. 우리 병원에 내원했던 환자들이 병원 영수증에 리뷰를 달면 우리 병원 스마트 플레이스에 리뷰가 달리는 것이다. 그런데 이게 병원을 경험한 고객이 병원을 평가하는 것이기 때문에 영향력이 너무 크다. 만약 정말 자세하게 병원의 불친절함을 리뷰로 남겨 놨다면 그 불만 리뷰 하나로 병원에 올 신규 환자가 일주일에 한 명씩은 오지 않는다고 봐도 좋을 정도다(이건 정확한 통계는 아니다). 그러니 네이버 영수증 리뷰를 관리하는 것은 반드시 필요하다.

긍정적인 리뷰를 달 수 있도록 요청할 수 있다면 적극적으로 요청해서 긍정적인 리뷰를 달 수 있게 해야 한다. 물론 너무 직접 홍보하는 것처럼 리뷰를 달았다면 역효과가 난다. 정말 자연스럽게 우리 병원을 칭찬해줄 수 있는 충성고객에게는 부끄러워하지 말고 "혹시 네이버 영수증 리뷰 하나 남겨주실 수 있으실까요? 요즘 그런 게 병원 홍보에 도움이 많이 된다고 하더라고요." 이렇게 가볍게 부탁하면서 긍정적인 리뷰를 늘려야 한다. 또한 부정적인 리뷰가 달렸다면 어떻게 삭제하거나 좋은 리뷰로 덮어버릴까를 고민하지 말고, 죄송하다고 사과를 하면서 다음부터는 병원에서 그런 불만이 나오지 않도록 하겠다는 답변을 달아주는 것이 더 효과적이다.

일단 이렇게 5가지만 소개하겠다. 유튜브, 블로그, 인스타그램, 페이스북 등 이러한 대형 채널들도 이야기하고 싶지만, 이 책의 색깔과는 맞지 않는다고 생각한다. 솔직히 말하면 사실 거의 모든 의사는 유튜브와 블로그를 잘할 수 있는 능력을 갖추고 있다. 의사들은 대체로 글을 잘 쓴다. 공부도 많이 하셨거니와 항상 환자들에게 설명해야 하는 직업이니, 설명을 글로 옮기기만 하면 된다. 그리고 그 글을 읽으며 영상으로 촬영해서 유튜브 채널에 올리면 된다. 물론 사람을 혹하게 하는 카피라이팅에는 차이가 있겠지만, 의사라는 권위 자체로도 그런 것 없이 지식만 전달해줘도 훌륭한 채널이 된다.

하지만 이러한 채널까지는 운영하지 않더라도, 앞에서 말한 온라인 마케팅 5가지는 꼭 해놓자. 전부 무료이고, 하는 방법도 전혀 어렵지도 않으니 이번 주 내로 꼭 해놓길 바란다.

초진 환자를 불러오는
필수 오프라인 마케팅 3가지

[비밀 4]

동네 의원은 입지가 모든 것을 결정할까?

동네 의원의 성공 요인 중 가장 중요한 한 가지를 뽑으라면, 나도 입지를 뽑을 것이다. 사실 좋은 입지를 극복하기란 참 어렵다. 점심으로 김치찌개를 먹고자 하는데 소문난 맛집이 아니라면, 김치찌개를 먹기 위해 지하철 한 정거장 앞에 있는 식당까지 가려고 하지 않는다. 동네 의원도 마찬가지다. 병원을 식당을 비유하면 기분 나빠하시는 분도 있겠지만, 가벼운 질환으로 병원을 찾는 환자들에게는 병원은 식당을 선택하는 것과 비슷하다

하지만 지금 같은 지역에서 된장찌개, 순두부찌개, 김치찌개 중 무엇을 먹을지 고민하는 사람들에게 김치찌개를 먹고 싶게끔 만드는 것은 홍보와 마케팅에 달려 있다. 다시 말해 사거리 코너 메인 상권에 위치한 병원이 아니라 할지라도 건물 하나 지나 있는 병원이라면 그 정도의 입지는 얼마든지 극복할 수 있다는 것이다.

오프라인 마케팅의 종류는 굉장히 많다. 흔히 알고 있는 버스, 지하철, 옥외, 현수막과 같은 대표 오프라인 광고가 아니더라도 병원 자체적으로 할 수 있는 오프라인 홍보 마케팅을 적절하게 해준다면 점점 우리 병원에 환자가 쌓여 나가는 것을 볼 수 있을 것이다.

다음 5가지는 그중에서 효과가 검증된 것들을 적어봤다. 오프라인 채널은 비용이 조금 들어가는 항목들과 비용이 들지 않는 항목으로 나눠서 말해주겠다. 실행에 옮기고 안 옮기고는 원장님의 선택에 달려있다. 이번에 소개하는 것은 비용이 조금 들어가는 항목들이다. 하지만 비용대비 효과가 좋으므로 가능한 선에서 해놓으면 좋겠다.

1. 병원 간판

병원 간판을 바꾼 지 7년이 되었다면 꼭 간판을 바꾸자. 식당의 간판이 허름하다면 아주 오래되고 전통 있는 '맛집'이라 생각이 들게 할 수도 있겠지만, 병원은 전혀 그렇지 않다. 병원이 오래되어 보이면 환자는 무의식적으로 그곳의 의료장비나 의료기술이 모두 옛날 것으로 생각하게 된다. 아무리 시골에 살고 있다 할지라도 최신 의료 서비스를 받고 싶은 것이 환자의 심리이다. '나는 시골에 살고 있기 때문에 치료도 옛날 방식으로 받아야 한다'라는 생각을 하는 사람은 단 한 명도 없다.

내가 지켜본 결과 간판을 바꾸고 약 7년 정도가 지나면 주변 간판에 비해 밝기와 색감이 확연히 떨어진다. 디자인 자체도 새로운 간판들과 비교하면 시대가 좀 지난 것 같은 느낌이 확 든다. 물론 간판을 교체하는 것은 굉장히 돈이 아깝게 느껴진다. 이것을 바꾼다고 뭔가가 확실히 변화하는 것이 아니기 때문이다. 하지만 분명한 것은 간판을 교체하는 것만큼 오프라인 마케팅에 효과가 있는 것이 없다. 돈을 쓰는 만큼 환자가 늘어난다는 확신을 가지고 간판을 교체하라.

동네에 가까운 간판 가게에 간판 제작을 맡기지는 마라. 인터넷에 병원 간판으로 검색하고 병원 간판의 포트폴리오를 많이 가지고 있는 병원 간판 전문 업체에 맡겨라. 같은 간판 기술이라고 할지라도 폰트 하나에도 큰 차이가 있다. 동네에 있는 업체들은 비싼 유료 폰트들을 많이 구입해놓지 않는다. 그러니 꼭 병원 간판 포트폴리오를 보면서 같은 진료과의 여러 간판 디자인을 보고 선택하라.

간판에도 트렌드가 있다. 최근에는 치과와 정형외과에서 간판을 설치할 벽면에 목공을 하고, 테두리 라인을 넣어 눈에 확 띄게 하는 간판이 유행하고 있다. 눈에 정말 잘 띄기 때문에 이렇게 바꾸면 좋겠지만, 굳이 이렇게 많은 비용을 쓰면서 바꾸는 것을 추천하지는 않는다. 그저 우리 병원의 얼굴을 깨끗하게 한다는 생각으로 바꾸면 좋을 것 같다.

추가로 예전에는 간판을 마음껏 설치할 수 있었지만, 이제는 간판의 규격을 지역 구청에서 정해 놓고 있다. 일단, 지역마다 할 수 있는 가장 큰 규격으로 간판을 만들자. 그리고 다음의 규칙에 따라 가장 눈에 띄는 간판을 만들어야 한다.

눈에 띄는 간판을 만드는 3가지 규칙

첫째, 3가지 색이 넘지 않도록 하자.

간혹 간판에 정말 많은 색을 조합해서 이름 자체가 보이지 않게 하는 간판이 있다. 알록달록하게 만들면 굉장히 화려해 보일 것 같지만 그렇지 않다. 오히려 배경과 글씨, 이렇게 2가지 색만 섞었을 때가 가장 눈에 잘 띈다. 당연히 색은 보색 관계에 있는 색으로 해야 한다. 바탕을 연한 파란, 글씨를 진한 파랑으로 하면 디자인은 예쁠지 모르겠지만, 눈에는 잘 띄지 않는다. 파란색 글씨로 하려면 배경을 노란색이나 하얀색 계열로 해서 눈에 확 들어오게 해야 한다. 만약 검은색 배경에 병원 이름 흰색, 진료 과목 노란색 이렇게 하면 벌써 3가지 색이 된다. 여기서 더 추가하지 말자.

둘째, 여백을 만들자.

정해진 간판의 공간을 글씨나 그림으로 가득 채우고 싶어 하는 사람들이 있다. 또한 글씨가 무조건 크다면 잘 보일 것으로 생각하는 사람들도 있다. 하지만 간판은 존재를 알리는 것에 목적이 있다. 차를 타고 지나가면서 1초 이내에 우리 병원의 존재를 알릴 수 있다면 완벽한 간판이다. 그러기 위해서는 오히려 글씨가 큰 것보다는 색감으로 눈에 들어오고 그 안에 한 개의 메시지를 주는 간판이 가장 잘 인식된다. 바로 여백의

미다. 즉, 바탕이 있는 간판들을 달 수 있을 때는 반드시 여백을 많이 두어 눈에 잘 들어올 수 있도록 하자. 단, 바탕이 없이 글씨만 넣을 수 있는 간판은 여백 자체를 만들 수 없으니 그냥 가장 큰 글씨로 만들자.

추가로 건물에 간판이 너무 많아서 우리 병원의 간판이 너무 눈에 띄지 않는다거나 여백 공간을 적당히 활용할 수 있을 때는 전자시계를 설치하는 것도 추천한다. 전자시계는 생각보다 비싸다. 적게는 100만 원대부터 보통 300~400만 원 정도는 한다. 그렇지만 글씨로 가득한 간판들 사이에 전자시계가 있다면 눈에 확 들어온다. 만약 우리 병원의 간판이 잘 보이지 않는다면, 이 전자시계는 꽤 좋은 광고 효과를 볼 수 있다고 생각한다.

셋째, 창 시트지에는 상위 진료 항목만 강조하자.

간판과 더불어 창문에 시트지를 부착하는 경우도 굉장히 많다. 그럴 경우 하고 싶은 말이 너무 많아서 병원에서 하는 모든 진료 항목들을 깨알 같이 넣는 경우가 많다. 그러면 오히려 내용이 전혀 보이지 않는다. 확실하게 유추되는 것은 빼고 강조하고 싶은 것만 강조하자.

A내과에서 유리창 시트지에 다음의 내용 중에 어떤 내용을 넣을지 고민한다. 다 넣을 수는 없지 않은가? 어떻게 해야 할까?

24시 인공신장실

소화기 전문의 2인 진료

화, 목 야간진료

위·대장내시경, 수면내시경

종합건강검진, 국가건강검진, 5대 암검진, 채용검진

심장초음파, 복부초음파, 갑상선초음파, 경동맥초음파

만성질환 관리

소아과, 이비인후과, 피부과, 비뇨기과

고혈압, 당뇨, 갑상선, 내분비질환

간염, 알레르기 비염, 아토피 치료, 폐렴, 결핵

영양수액 클리닉, 비만 클리닉

이렇게 넣고 싶은 항목들을 쭉 나열하고, 넣을 수 있는 공간을 파악한 뒤, 이 중에서 가장 상위 것들을 창 하나에 딱 한 개씩만 넣는다. 그러면 강조도 되면서 여백의 미로 글도 잘 보이게 될 것이다. 포기할 건 포기해야 한다.

스스로 점검해보자. 우리 병원 간판을 바꾼 지 몇 년이 되었는가? 간판을 바꾸는 것은 병원에 무슨 변화가 있음을 보여준다. 환자들도 늘상 있었던 병원이 아닌 새로운 병원으로 인식해서 잠시 떠났던 환자들의 눈길을 다시 한번 받을 수 있다. 간판은 우리 병원의 얼굴이다. 얼굴을 깨끗하게 씻은 지 7년이 넘었다면, 간판을 바꾸자.

2. 배너와 현수막

인천의 S외과는 개원한 지 이제 막 1년이 넘어섰다. 그런데 일일 환자가 170명이 넘었고, 2인 진료에서 3인 진료로 확장했다. 그런데 병원 주변을 보면 대단지 아파트가 있는 것도 아니고, 번화가에 있는 것도 아니다. 바로 앞에는 편도 3차선의 큰 사거리의 코너에 자리 잡고 있다. 차량으로 유동인구는 굉장히 많은 곳이지만, 걸어서 이동하는 사람들은 별로 많지 않은 곳이다.

그런데 나도 이 사거리에 신호 대기 중일 때는 이 병원을 보기 싫어도 볼 수밖에 없다. 가로 30m 이상, 세로 10m 이상의 대형 현수막에 진료 과목을 설명하고 3층과 2층 전면부를 덮어 놓았다. 처음 개원 전 3개월이야 간판 달기 전이라고 신고하고 걸어 놨다고 생각했는데, 그 뒤에는 과태료를 내더라도 광고를 하겠다는 건지, 1년이 지난 지금도 계절이 바뀔 때마다 색과 내용을 조금씩 바꿔서 계속 현수막 광고를 하고 있다. 수많은 차량 유동인구의 사람들에게 우리 병원을 확실하게 노출하고 있는 병원이다.

수원에 있는 O정형외과는 아침에 병원 문을 열면 항상 건물 입구에 배너를 내놓는다. 배너가 색이 바래면 교체하고, 때에 따라 병원에서 하고 있는 이벤트와 주요 진료 항목을 배너에 담아 건물 입구에 지나가는 사람들에게 노출시킨다. 결국, 이 건물 앞에 지나다니는 사람들은 우리 병원의 환자가 될 수 있는 최우선 사람들이다. 그러니 이들에게 우리 병원에서 하고 있는 정보를 줄 수 있는 통로가 있다면 이렇게 적극적으로 정보를 줘야 한다. 단순히 병원 자체를 홍보하는 것도 중요하지만, 병원에서 하고 있는 행사를 주기적으로 알려주는 것도 도움이 된다. 독감 예방접종 시즌에는 무료 예방접종을 하고 있다는 것과 검진 비수기에는 건강검진 관련된 내용들을 홍보하는 것이다.

사실 병원 건물에 현수막을 거는 것은 어떤 상황에서도 불법이다. 배너를 세워 놓는 것도 마찬가지다. 그래서 책에 쓰는 것 자체가 상당히 조심스럽다. 하지만 병원에 아주 중요한 사항, 예를 들어 의료진을 늘리거나, 고 사양의 의료장비를 도입하거나, 시설을 확장한다거나 할 때는 현수막 홍보가 필요할 수 있다(건물에서는 현수막을 다는 것에 민감하지 않은 경우가 많고, 혹시 민원이 접수되어 경고 메시지를 받게 된다면 바로 내리면 된다).

추가로 엑스 배너 같은 경우는 신고하거나 과태료를 물리는 일은 거의 없다. 그렇지만 사시사철 똑같고 때가 묻어 더러운 엑스 배너를 계속 내버려두는 것은 오히려 병원이 게을러 보일 수 있다. 반대로 해가 바뀌면 바뀐 연도가 적혀 있고, 계절마다 다른 내용의 배너를 내놓는 것은 우리 병원이 끊임없이 환자를 위해 고민하고 있다는 것을 간접적으로 말해준다. 우리 병원에서 꼭 알리고 홍보하고 싶은 이벤트가 있거나, 가장 집중하는 진료 과목을 담은 엑스 배너를 건물 입구나 복도에 꼭 내놓자.

3. 상가, 아파트 엘리베이터 광고

병원이 1층에 있는 경우는 별로 없다. 병원 대부분은 2층 이상에 있다. 다시 말해 병원을 방문한 환자는 대부분 엘리베이터를 탄다는 것이다. 그렇기 때문에 엘리베이터에 할 수 있는 광고는 비용을 지불하고라도 하는 것이 좋다. 병원이 있는 건물이 크면 클수록 더욱 엘리베이터 광고를 더 적극적으로 해야 한다. 그 건물을 이용하는 사람들은 우리 병원에 내원할 가능성이 가장 큰 사람들이다. 그 사람들에게 우리 병원의 차별화된 진료 항목과 가치관을 전달하는 것은 굉장히 효과가 높은 타깃 광고이기 때문이다. 어떤 광고를 해야할까? 물론 엘리베이터에 포커스미디어와 같은 광고영상 매체가 있다면 그것을 활용하면 된다. 광고영상 매체가 없다면, 옆면 지면 광고나 뒀면 거울 광고라도 하자. 단 이러한 광고를 주기적으로 할 때는 그 내용 전달에 노력을 많이 기울여야 한다. 단순히 여기에 이 병원이 있다는 것만 어필하면 안 된다. 한마디로 말하기는 조금 어렵지만, 원장님의 진료 철학을 스토리로 녹여낸 광고를 해야 한다. 그러면 주변 사람들이 그 광고를 통해 병원을 간접 경험하고, 그 스토리를 입소문으로 만들어낸다. 정말이지 이것보다 효과 좋은 광고는 없다.

추가로 엘리베이터의 층 버튼 옆에는 반드시 아주 깔끔하게 병원명을 붙여 놓자. 돈 한 푼 들지 않지만, 사람들이 층 번호를 누르면서 병원명을 한 번이라도 볼 수 있게 말이다.

아파트 엘리베이터 광고 역시 효과적이다. 다만, 병원에서 유용한 블로그나 유튜브, 인스타그램과 같은 소통 채널을 운영하고 있을 때만 했으면 좋겠다. 왜냐하면 아파트 광고가 생각보다 비용이 많이 든다. 3~4개 단지만 광고하더라도 한 달에 고정비용으로 30~100만 원이 지출된다. 매우 큰 금액이다. 이렇게 비용이 많이 드는 광고를 단지 병원 이름만을 알리려 쓰기에는 너무 아깝다. 그만큼의 효과가 있을지도 의문이다. 그렇기 때문에 앞서 말한 진료 철학을 스토리로 담은 홍보와 병원에서 블로그나 유튜브 같은 특별한 소통 채널들을 운영하는 병원만 했으면 좋겠다. 그 채널을 홍보하기 위해서 광고를 하는 것이다. 병원 건물의 엘리베이터는 병원을 찾아온 환자들도 많기 때문에 관심 있게 광고를 읽어보겠지만, 아파트의 광고는 자세히 보지 않는다. 그래서 병원 홍보보다는 우리 병원이 이러한 정보를 주는 유튜브나 블로그를 하고 있으니 들어와 보시라는 식으로 연결을 해놓으면 좋다. 그렇게 하면 자연스럽게 병원도 홍보되고, 병원에는 오지 않더라도 정보를 보러 찾아온 환자들이 잠재적인 초진 환자들이 되어 그 채널에 들어올 수 있다.

이런 오프라인 마케팅을 말하면서도 조금 빈약하게 느껴지는 것도 사실이다. 앞의 온라인 방법도 마찬가지고 말이다. 왜냐하면 보통 병원 마케팅 책들은 한 달에 수백, 수천만 원 하는 키워드 광고나 SNS 광고를 이야기하고, 오프라인 광고도 버스나 지하철, 디스플레이 광고 등을 이야기한다. 그런 것에 비하면 앞서 말한 것들은 마치 소꿉놀이하는 듯하고, 단순해보이는 광고 채널들이다. 하지만 단언컨대, 동네 의원들은 앞서 말한 마케팅 방법들만 활용해도 충분하다. 더 이상의 채널들은 광역권에서 찾아오는 객단가 높은 특화 진료 항목을 추가했을 때 해도 늦지 않는다.

초진 환자를 불러오는
무료 오프라인 마케팅 4가지

오프라인 마케팅에도 돈이 들지 않는 무료 방법들이 있다. 하지만 돈이 들지 않는다는 것은 다른 말로 시간과 노력이 들어간다는 말로 생각하면 좋겠다. 이어서 말씀드리는 4가지는 원장님의 시간과 노력이 들어가야 한다. 하지만 병원을 성장시키고 싶다면, 병원 주변에 우리 병원을 알리고자 하는 마음이 있다면 한번 해보시라.

1. 제휴 맺기

제휴라는 단어를 그냥 사용하면 의료법에 저촉될 가능성이 크다. 그러니 업무 협약식이라는 형식을 갖추고, 그 명목하에 병원에서 줄 수 있는 가치를 필요한 여러 단체와 업무 협약을 맺자. 그러면 크게 애쓰지 않아도 많은 고객을 잠재고객으로 확보할 수 있다. 우리 병원이 어떤 곳과 제휴를 맺을 수 있겠느냐고 생각할 수 있다. 하지만 실제로 모든 과에서 제휴를 맺을 수 있는 단체가 있다. 소아청소년 과면 어린이집, 유치원, 학원이 있다. 내과면 근처 작은 회사들의 검진 및 비급여 진료 시 혜택을 줄 수 있다. 가정의학과면 복지관, 노인 모임이 있고, 정형외과면 배드민턴 클럽, 조깅 클럽 등이 있다. 이렇게 마음만 먹으면 여러 단체와 제휴를 맺을 수 있다.

사실 그 단체들도 병원과 업무 협약식을 맺어 그 단체의 소속원들에게 공개하는 것이 복지를 홍보하는 긍정적인 효과를 가진다는 것을 알고 있다. 그리고 그 단체들과 제휴 맺은 것을 사진 찍어 원내에 비치해 놓는 것만으로 신뢰도를 높일 수 있는 홍보 수단이 된다.

수원의 H내과는 대단히 많은 주변 업체와 제휴를 맺었다. 어린이 교육센터, 다문화 지원센터, 수원왕갈비집, 폴리텍대학교, 중고등학교 총동문회 등 주변 학원과 식당뿐만 아니라 여러 사단법인, 총동문회까지 다양한 단체들과 업무협약식을 맺었다. 이것을 병원 블로그에 올리고 원내에 비치함으로써 병원 브랜드를 멋있게 구축하고 있다.

구글에 '병원 업무협약서'라고 검색하면 업무 협약에 들어가야 하는 내용이 PDF 파일로 자세히 나와 있다. 생각보다 단순한 내용이지만, 이러한 업무협약들은 그 단체의 소속 직원들을 우리 병원으로 올 수 있도록 하는 힘을 가진다. 또한, 업무 협약을 통해서 온 환자들에게 의사 선생님이 더 신경 쓰겠다는 한마디를 더해주는 것만으로도 그 환자들은 큰 만족을 얻게 된다. 사실 원장님이 직접 그런 영업을 한다는 것 자체를 꺼리기 때문에 못 하는 것이지, 마음만 먹으면 병원 주변에 업무 협약을 할 수 있을 곳들은 넘치고 넘친다.

✚ **플러스 팁** ✚

아주 효과적인 판촉물을 하나 만들고 싶은가? 앞치마를 제작하라. 업무 협약식까지는 아니더라도 아주 깔끔한 앞치마에 병원명과 주요 진료과목을 새겨넣어 만들어 근처에 있는 식당가에 배포하라. 굉장히 많은 음식점에서 알아서 우리 병원을 홍보해줄 것이다.

2. 환자 집합 교육

구글에 '질환명+교실' '진료과+교실' '질병+수업'과 같은 단어를 입력해보라. 종합병원 이상급에는 병원 대부분에서 환자 교육을 하고 있다. 당뇨교실, 대상포진의 이해, 치매와 치매치료, 골다공증의 위험성, 갑상선질환의 이해 등 환자들이 궁금해하는 주제들은 정말 차고 넘친다. 이런 주제들을 한 달에 한 번, 분기에 한 번 정도 병원 내에서 수업을 만들어 환자들을 초대하는 환자 집합 교육을 열자. 동네 의원에서는 이러한 건강강좌를 하는 곳이 별로 없다. 게다가 요즘 유튜브에 이러한 건강정보들이 넘쳐나니, 직접 오프라인 교육하는 것이 필요하겠냐고 생각하는 원장님들도 많다. 하지만 이것을 효과적으로 활용하는 동네 의원들도 생각보다 많다.

　　인천의 S가정의학과 원장님은 매월 셋째 주 수요일 1시에 병원 대기실에서 건강강좌를 연다. 진료가 없는 수요일 오후를 활용해서 주변 사람들을 초대해 건강정보를 알려주는 것이다. 병원의 위치가 인천에서 가장 큰 재래시장 근처이기 때문에 어르신들이 꽤 많이 오신다. 처음에는 강의를 들으러 10명 남짓 오셨지만, 코로나19 이후에 다시 시작한 강의에는 25명 가까운 어르신들이 오셨다. 건강강좌를 오는 사람들은 대부분이 병원의 기존 환자들이다. 그럼 마케팅 효과가 없는 것 아닌가? 아니다. 이 병원은 다음 달 건강강좌의 주제를 배너로 만들어 한 달 동안 병원 입구에 세워 놓는다. 그러면 재래시장을 찾아 지나다니는 사람들이 병원에서 하는 건강강좌를 보고 노력하는 병원이라고 생각하게 될 것이다. 뿐만 아니라 내가 만나는 원장님이 매달 이렇게 건강 강의를 열어준다는 것을 보며 환자들은 주변에 많은 입소문을 낸다. 꼭 이것 때문은 아니지만, 이 병원은 정말 환자가 미어 터진다.

　　앞에서도 말했지만, 의사들은 대부분 강의하는 데 소질이 있다. 진료의 모든 순간이 어떻게 보면 강의라고 할 수 있지 않은가? 여럿을 모아 놓고 발표하는 것에 자신 없다고 하면 이 역시 연습하면 해결이 된다. 마음이 끌린다면 한번 시도해보라.

대기실이 너무 좁다면 꼭 병원에서 하지 않아도 된다. 지역 노인 회관이나 문화센터, 또는 식당과 제휴를 맺어서 진행할 수도 있다. 매월 진행하는 것은 부담될 수도 있으니 분기에 한 번씩 하는 것을 추천한다. 일 년에 4번이면 충분히 할 만하다.

그리고 가장 중요한 것은 그 교육 자체가 아니다. 교육을 한다는 것을 꼭 알려야 한다. 건물 입구에 배너를 세워 놓고, 네이버 플레이스에도 올려놓아야 한다. 그것이 핵심이다.

3. 원장님의 영업

주공아파트 단지에 개원한 지 22년이 된 한 내과 원장님이 계신다. 개원한 지 22년이나 되었지만, 병원이 항상 발전하고 있다. 시설도 리모델링했고, 환자들에 대한 서비스도 개선하기 위해 날마다 노력을 한다.

어느 날 점심 시간에 원장님과 함께 식사하러 병원 밖을 나갔다. 그런데 정말 동네 사람들이 원장님을 보며 모두 인사를 했다. 환자가 줄을 서는 병원이라 알아보는 사람들이 많다고 생각했다. 점심을 먹으면서 원장님께 질문했다.

"환자들이 이렇게 원장님을 알아보는 이유가 뭔가요?"

이때 원장님 입에서 정말 놀라운 이야기를 들었다. 자신은 진료가 없는 수요일 오후나 토요일 오후에 마을에서 사람들이 많이 모이는 곳에 음료수든 과일이든 사서 찾아간다는 것이다. 정말 놀라운 이야기였다. 촉탁의를 하시는 원장님은 봤어도 과일이나 빵을 사서 마을 회관을 찾아가는 원장님은 처음 봤다. 그런데 갈 때마다 그렇게 좋아한다는 것이다. 나라도 좋아할 것 같다. 그리고 그분들은 환자가 되어주고, 입소문도 내준다고 한다. 이거 영업비밀이라고 하셨다.

밑져야 본전 아닌가? 이 책을 보는 원장님들은 직접 영업을 하셔라. 법에 저촉되는 환자 유인행위를 하라는 것이 아니다. 그저 병원 밖에서 환자들을 만나보라는 것이다. 그것을 영업이라고 표현했다. 특히 내과, 가정의학과, 이비인후과, 소아청소년과 같은 보험 진료과라면 정말 적극적으로 마을에서 오프라인 영업을 하자!

4. (매출 증대와 잠재고객을 확보하는) 원내 홍보자료

병원에 혼자 오는 사람들도 많지만, 보호자가 같이 오는 경우도 상당히 많다. 일단 우리 병원의 고객은 아파서 온 환자이겠지만, 함께 온 보호자 역시 잠재적인 우리 병원의 고객이다. 그래서 이들을 위한 마케팅이 필요하다. 그래서 환자와 잠재고객 모두를 만족하게 하는 원내 마케팅이 필요하다. 이 내용은 조금 길어서 바로 다음 장에서 '병원 분위기로 환자를 편안하게 하라'라는 제목으로 자세히 말해보겠다.

병원 분위기로
환자를 편안하게 하라

[비밀5]

병원을 찾는 모든 사람은 무의식적으로 불안이라는 감정이 있다.

아주 작은 질병으로 찾은 환자들도 이런 생각을 한다. '이곳의 의사가 나를 잘 치료할 수 있을까?' '혹여나 숨어 있을지 모르는 질병을 잘 찾을 수 있을까?' '혹시 이게 장염이 아니라 대장암은 아닐까?' '의사의 오늘 컨디션은 괜찮을까?' '시술하다가 잘못되지는 않을까?' 이런 밑도 끝도 없는 불안감을 가지고 있다. 병원은 이런 환자들의 불안한 심리에서 벗어나게 해주는 것도 하나의 중요한 역할이다.

그래서 병원에서는 끊임없이 고민해야 한다.

"우리 병원을 찾는 환자들은 어떤 불안이 있을까?"

"그 불안을 해결해주기 위해서는 어떻게 해야 할까?"

- 충북 청주에 있는 B정형외과

이 병원은 여기가 병원인가 서점인가 착각이 들 정도로 일반적인 병원과는 다른 분위기의 인테리어를 했다. 대기실 벽면 전체가 잘 선정된 수천 권의 책으로 가득 차 있다. 하지만 절대 조잡하지 않다. 언제 내원해도 책들이 잘 정돈되어 있다. 책장을 비롯한 병원의 모든 가구는 월넛색이며, 간접조명으로 눈이나 마음이 모두 편안해지고, 잔잔하게 들리는 클래식 음악으로 마음이 굉장히 가벼워지는 느낌을 받는다. 아마 직원이 아무도 없는 조용한 날 혼자 앉아 있다면, 여기가 병원이라는 것을 잊을지도 모를 정도다.

- 서울 강동구에 있는 E내과

이 병원은 진료실에 60인치 TV를 벽에 달아 놓았다. 단순히 초음파나 내시경 영상을 같이 보기 위한 TV가 아니다. 이 TV는 월 구독료를 지불하고 유명 화가들의 3,000점이 넘는 고화질의 그림들을 선택해서 볼 수 있는 TV다. 절세 컨설팅의 미술품 렌탈도 아니다. 미술에 관심이 많은 원장님은 그날 날씨와 분위기 기분에 따라서 명화를 선택하고 진료 오프닝에 대화 소재로 활용한다고 한다.

- 경기 김포의 S내과

대기실에 고급 안마의자를 5대나 놓았다. 안마의자 옆에는 원장님의 정성이 담긴 메시지도 있다. '기다리시는 동안 조금이라도 편안하게 계시길 원하는 마음으로 설치했습니다.'

- 서울 마포구 C치과

병원에서 스타벅스 캡슐커피를 주고, 진동벨로 진료 대기 순서를 알려준다. 한쪽에는 헤드폰으로 음악을 들을 수 있는 코너를 마련해 놓았고, 심지어 인테리어와 조명도 스타벅스와 유사하게 해서 여기가 카페인지 병원인지 착각이 들게 만들어놓았다. 실제로 이 병원의 한 달 캡슐커피 비용은 매달 100만 원 가까이 든다고 한다.

이 4곳 병원의 사례는 전부 환자들이 편안하게 대기할 수 있도록 꾸며 놓은 사례들이다. 그렇지만 당장 우리 병원의 인테리어를 바꾸거나 수백만 원을 들여 안마의자를 살 수는 없지 않은가? 놓을 공간도 없고 말이다. 그리고 솔직히 매월 100만 원어치 스타벅스 캡슐커피를 준다고 해서 이 병원이 신뢰감을 준다고 느끼지는 않는다. 오히려 환자들은 '이 병원 돈 좀 많이 버네?'라고 생각할 수도 있다.

그렇다면 동네 의원에서 쉽게 할 수 있으면서 환자들의 불안감을 없애줄 수 있는 실내 분위기 조성은 어떤 것일까?

원장님의 의료 실력을 자랑하라

- 김포의 H비뇨의학과
이 비뇨의학과의원은 대기실에 체외충격파쇄석술 건수를 매일매일 업데이트한다. 마치 주유소에서 그날의 기름값을 바꾸는 것처럼 숫자판을 하나씩 뒤집어서 숫자를 변경한다. 현재는 2,400여 건의 수술을 했다고 보여준다. 대기실에 앉아서 병원의 개원일부터 계산하니 하루에 한 건 이상 매일 수술을 했다. 뭔가 신뢰감이 느껴졌다. 환자들도 아마 그 수술 건수를 보면서 나와 같은 생각을 했을 것이다. 다시 말해 우리 병원을 찾은 환자들이 병원의 본질인 치료에 대해서 신뢰를 느낄 수 있는 데이터를 대기실에서 볼 수 있도록 했다.

- 서울의 J내과

앞의 비뇨기과와 마찬가지로 J내과는 위내시경과 대장내시경 검사 수를 대기실 잘 보이는 곳에 매일 업데이트한다.

위내시경 2만례, 대장내시경 1만례 이상, 연골주사 2만례 달성, 인공관절 수술 5,000례 달성, 하지정맥류 3,000례 이상 시술 등

오래된 병원일수록 병원이 가지고 있는 기록들이 있을 것이다. 이 기록들이 다른 병원에 비해 압도적이지 않더라도 환자들이 보기에 믿을 만하구나, 신뢰가 간다는 느낌이 드는 숫자라면 꼭 환자들에게 알려주길 바란다.

환자의 심리는 불안함이라고 앞에서 말한 적이 있다. 그래서 병원은 최대한 병원을 신뢰하게 해야 하고, 그로 인해 불안함을 줄여줄

수 있어야 한다. 환자는 내가 받는 치료로 질병이 다 나을 수 있을지, 나를 치료하는 의사가 실력이 좋은지 항상 궁금하게 되어 있다.

이 책을 보고 계신 원장님의 나이가 상대적으로 어리다면(또는 무척 동안이거나) 병원을 방문하는 환자들에게 본인에 관해 설명할 수 있는 자료를 게시하는 것이 좋다. 환자들은 대개 나이가 적당히 있는 의사가 아주 젊은 의사보다 의학적 지식이 더 많다고 생각한다. 다시 말해 젊은 의사들은 아직 의학적 지식이 많이 없다고 생각한다. 그래서 너무 젊은 의사에게 알지 못할 불안감을 가질 수 있다. 이것을 완화해줄 만한 설득력 있는 자료를 보여줘야 한다. 학력을 속이거나 활동하지 않은 이력을 넣으라는 것이 아니다. 돈을 내고 '대한민국 명의'라는 타이틀을 받으라는 것도 아니다. 할 방법은 많다. 차별화된 세부 전문의라면 그것을 강조해도 되고, 상태가 심했던 환자의 케이스를 보여 줄 수도 있다. 어떤 원장님은 제약회사의 학술 행사를 참여하고 공부한 내용을 정리해서 대기실에 질환 정보란을 만들어 자신은 계속 공부하는 의사라는 것을 보여주기도 한다.

한의사 10명 중의 1명만이 한의학 전문의입니다.
한의학 전문의가 여러분의 질환을 치료하겠습니다.

이렇게 짧은 한 문장으로 '이 한의원이 괜찮은가?' 불안해하던 환자의 마음이 굉장히 평온해졌을 것이다.

의료장비와 의료 안전을 자랑하라

　원장님에 대한 신뢰뿐만 아니라 의료장비에 대해서도 어느 정도 환자들에게 신뢰감을 주면 좋다. 모든 환자는 좋은 의료장비로 검사받고 치료받길 원한다. 동네 의원에서도 간단한 수술을 하는 병원이 꽤 많다. 수술실 안전에 대한 안내판은 환자 신뢰도에 도움이 된다. 무조건 첨단 장비, 고급 장비, 대학병원급 장비 등은 조금 식상하다. 오히려 장비를 마케팅할 때에는 최신 장비라는 모델명을 강조하지 말고, 이것이 이전 장비와 어떤 차이가 있는지 차이점에 중점을 두고 마케팅하는 것이 중요하다. 환자들에게는 모델명은 큰 의미가 없다. 이 장비가 왜 좋은 장비인지가 중요하다.

　또한, 우리 병원에 환자들의 안전에 신경을 쓰는 듯한 환경을 조성할 수 있다면 꼭 환자들에게 알려주라. 병원의 신뢰도 상승에 도움을 준다. UV공기살균기, 내시경세척기, 세척 S등급, 무균 수술실 등 수술에 대한 환자들의 두려움을 상쇄시킬 수 있는 안내판은 수술받는 환자뿐만 아니라 일반 환자들에게도 병원의 신뢰감을 준다. 심지어 요즘 새로 개원하는 내과에서는 내시경 소독실을 투명 유리로 만들어서 안을 볼 수 있게 만드는 병원들도 꽤 많다. 그 앞에는 소독의 중요성에 관해서 설명을 해주고 말이다. 마치 식당에서 청결한 주방을 CCTV로 보여주는 듯하다. 그 자체만으로 정말 이 병원은 다른 병원보다 위생이 좋겠다는 생각을 무의식적으로 들게 한다.

후각에 신경 써라

아이러니하게 낯선 공간의 첫 느낌은 시각이 아니라 후각이 75%나 차지한다. 스타벅스는 한때 고유의 커피 향을 지키기 위해 전 세계 스타벅스 매장에서 치즈를 데워서 파는 음식을 모두 없앴던 적도 있다. 지금도 여전히 스타벅스는 다른 냄새들이 커피 향을 덮지 않도록 엄청난 연구와 개발을 한다.

병원도 마찬가지다. 치과는 당연하고, 항문외과 등 특정한 진료과에는 유독 그 진료과에서 느껴지는 냄새가 있다. 그 냄새가 그 진료과의 특징이기는 하지만, 병원에서 나는 그 냄새는 사실 그다지 좋지는 않다. 쉽지 않겠지만, 그 냄새를 없애고 다른 좋은 향기로 바꿀 수 있다면 얼마나 좋을까?

하지만 특정과가 아닌 내과, 이비인후과, 소아청소년과, 가정의학과, 정형외과, 정신의학과 등 일반적인 진료과 임에도 불구하고 이상한 냄새가 나는 병원이 있다. 정말 신기한 건, 대부분 그런 병원에는 환자가 없다. 환자는 무의식으로 생각한다. 이런 냄새가 나는 병원은 병원도 관리가 안 되니 환자 치료도 잘 못할 것이라고 말이다.

환자의 무의식은 굉장히 무섭다. '병원이 어둡고, 바닥이 지저분하고, 벽에 걸린 포스터들조차 빛이 바랜 동네 의원' 이곳에 '젊은 사람들'은 가지 않는다. 디자인 감각이 있는 것과 없는 것을 이야기하는 것이 아니다. 환자들은 병원에 들어와서 병원 내부의 정리정돈과 간호사들의 복장에서 이 병원의 청결도를 판단한다. 병원에서의 청결도는 환자들의 치료만족도에 직결된다. 그래서 병원은 무조건 청결해야 한다. 어둡고 지저분하고, 액자조차 빛이 바랜 동네 내과나 가정의학과에 청년들은 가지 않는다는 것을 명심하자. 병원의 입지를 떠나서 청년 초진 환자들이 점점 줄어든다면, 병원의 환경을 돌아볼 필요가 있다.

원장님 본인은 병원 상황을 잘 모를 수 있다. 누군가 봐줘야 한다. 기억하는가? 새집에 이사하면 지저분하고 정리해야 하는 곳들이 눈에 보이지만 일주일만 지나면 그런 것들은 보이지 않는다. 우리 병원에서 청소해야 하고 정리해야 하는 부분이 병원 사람들에게는 보이지 않는다. 외부 제삼자에게 코칭을 한번 받아야 한다. 병원의 포스터들과 알림판들만 정리해도 병원 분위기는 바뀐다. 가까운 지인, 안 되면 가족이라도 병원에 방문해서 정리·정돈할 곳들을 요청하라. 환자의 시각과 입장에서 봐 줄 사람이 필요하다.

요약하자면 이렇다. 인테리어를 탓하지 말라. 병원은 일단 깨끗하게 정돈되어 있으면 된다. 그리고 병원의 의사와 병원의 의료장비에 대한 환자의 불안감을 없앨 수 있는 자료들을 보여주자. 전문의가 아니라고? 최신 장비가 아니라고? 동네 의원에서 최고는 없다. 환자들에게 신뢰감을 줄 수 있는 자료들을 보여주라는 것이다.

잘되는 병원은
전화 상담부터 다르다

아마존 성장의 비밀을 알고 있는가. 아마존은 전 세계에서 1, 2위를 다투는 기업이다. 시가총액이 1,000조 원이 넘는, 우리나라 모든 기업의 시가총액을 합친 것과 비슷한 어마어마한 회사다. 그런데 흥미로운 것은 이 아마존에 입사한 모든 직원은 이틀 동안 콜센터에서 일을 배워야 했다. 현재 전 세계에서 가장 큰 전자상거래 회사지만, 초기의 성장 비밀 중 가장 중요한 하나를 바로 콜센터 상담으로 꼽았다. 지금은 콜센터를 없애고 AI 상담으로 시대를 바꿔 나가고 있지만, 아직 동네 병원은 직원이 직접 전화를 받고 있지 않은가? 그렇다면 전화 응대 교육은 필수 중에 필수다.

전화 상담에 대해 신경을 쓰지 않는 동네 의원이 정말 많다. 정말 깜짝 놀랄 정도다. 고객 입장이 되어 생각해보라. 기분 나쁜 상담 전화를 받고도 계약을 진행하는 사람이 있을까? 우리 병원에 전화하는 초진 환자가 매일 매일 적어도 2~3명은 있다는 사실을 아는가? 전화 상담을 듣고 우리 병원을 정말 가고 싶어 하도록 만든다면, 초진 환자를 매일 축적해서 내원 환자를 걱정하지 않는 병원으로 만들 수 있다.

특히 예약이 가능한 진료과의 경우 전화로 예약을 잡는 비율이 압도적으로 높다. 그래서 전화응대는 병원의 첫 이미지이자 초진 환자에게는 병원 이미지의 전부라고 해도 될 정도로 중요하다. 그런데 병원에서는 막내 직원이 전화 대부분을 받거나, 서로 떠밀거나 눈치만 보다가 한참 지나 전화를 받는 경우가 부지기수다. 물론 이런 상황이 충분히 이해된다. 나라도 내가 전화 받는 전담 직원이 아니라면 전화를 받고 싶지 않을 것 같다. 전화 응대는 예기치 못한 질문이 나오기도 하고, 표정과 행동 없이 목소리만으로 내용을 전달해야 하는 생각보다 꽤 어려운 일이기 때문이다.

그러면 어떻게 해야 할까? 계속해서 이렇게 일관성 없이 어떤 직원이 받으면 친절하고, 어떤 직원이 받으면 절대 가고 싶지 않은 병원이 되어야 하나? 아니다. 전화응대 매뉴얼과 교육으로 모든 직원을 같은 수준으로 만드는 것이 가능하다. 동네 의원에 전화를 거는 환자들의 용건은 대체로 정형화되어 있다. 진료 시간, 질환진료 가능 여부, 예약가능 여부, 위치정보, 검사결과 확인 거의 이 정도로 수렴된다. 그렇다면 이 질문에 대한 매뉴얼을 만들고 전화응대의 기본

태도를 지속해서 교육하면 된다.

자! 그럼 먼저 해야 할 것은, 우리 병원의 전화 응대 수준을 살펴보는 것이다. 즉, 전화 모니터링을 하는 것이다. 제삼자에게 병원으로 전화해서 다음 질문들을 하고 전화 응대 상황을 점검하도록 하라. 또한, 전화 내용을 녹음해서 원장님이 들어봐야 한다. 단, 절대로 전화 응대가 잘 안 된다고 직원을 꾸짖으면 안 된다. 제대로 된 방법을 가르쳐야지, 꾸짖는다고 개선되지 않는다.

> Q. 진료 시간이 어떻게 되나요?
> Q. 병원이 어디 있나요?
> Q. 주차는 가능한가요?
> Q. 대기 시간이 얼마나 걸리나요?
> Q. 예약이 되나요?
> Q. ○○검사를 받을 수 있나요?
> Q. 비용이 얼마인가요?
> Q. 좀 비싼 거 아닌가요?

이와 같은 질문을 하며 통화를 하고 녹음해서 들어보라. 우리 병원의 전화 상담이 얼마나 형편없는지를 알 수 있을 것이다.

그 다음에는 어떻게 해야 하는가? 실제로 사용할 전화 매뉴얼을 만들어야 한다. 이 질문 항목을 가지고(병원의 상황마다 필요한 항목을 추가한다) 자체적으로 워크숍을 진행하라. 저렇게 전화가 왔을 때 어떻게 대답할지 말이다. 외부 교육을 받으며 워크숍을 진행할 수 있다면 좋겠지만, 모든 병원이 그럴 수는 없다. 직원이 3명 있는 병원에서 외부 강사를 불러 교육하는 것은 쉬운 일이 아니다. 그러니 자체적으로 매뉴얼 워크숍을 진행하라. 복잡한 룰은 필요 없다. 이 전화 주제를 놓고 각자 생각하는 답변을 적어보는 것이다. 너무 많으면 시간만 오래 걸리니까 10개 내외의 질문으로 진행하라. 그러면 다음과 같은 매뉴얼이 만들어질 것이다.

| 기존 |

Q. 주차는 가능한가요?
- 주차장 없습니다.

| 매뉴얼 |

Q. 주차는 가능한가요?
- 죄송하지만 저희 병원에 주차 공간이 없습니다. 조금 번거로우시겠지만 내비게이션에 ○○라고 검색하셔서 공영주차장에 주차하시고 50m만 오시면 병원이 있습니다.

이렇게 정형화된 두 줄 내외의 답변을 세워라. 너무 길면 또 실제로 사용이 안 된다.

답변 내용이 매뉴얼화 되었다면 기본적인 전화 매너도 익히자.

---

1. 3번 전화벨이 울리기 전에 받는다.

2. 소속을 말한다.

3. 답변을 확인한다.

4. 더 궁금한 사항이 있는지 물어본다

5. 2초 있다가 끊는다.

이 5가지는 어떤 콜센터에서든 반드시 지키는 원칙이다. 이 5가지를 동네 의원에서 지킨다는 것은 쉽지 않을 것이다. 하지만 최대한 지키도록 노력해 보자.

1. 3번 전화벨이 울리기 전에 받는다.

전화는 받는 것부터 시작된다. 일단 전화벨이 3번 울리기 전에 받아야 한다. 피치 못할 사정으로 3번이 넘어서 받게 되었다면 "늦게 받아서 죄송합니다"라고 말해야 한다.

2. 소속을 말한다.

일반적인 콜센터에서는 전화를 받은 후 "사랑회사 상담원 김다정입니다." 이렇게 소속을 말한다. 하지만 동네 의원에서 이름은 둘째 치고 "○○내과입니다", "○○이비인후과입니다"라고 말하는 곳도 별로 없다. 그냥 "네", "병원입니다" 또는 "소아과입니다" 정도가 대부분이다. 자신의 이름까지 말하진 못하더라도 "○○내과입니다"라고는 말해야 한다.

3. 답변을 확인한다.

전화를 걸었다는 건 궁금한 사항이 있다는 것이다. 전화를 받은 우리는 답변을 충분히 해줬다고 생각하지만, 전화를 건 사람은 그렇게 생각하지 않을 수 있다. 그래서 답변했는지 확인해야 한다. "답변이 되셨나요?"

4. 더 궁금한 사항이 있는지 물어본다.

전문 콜센터에서는 전화를 끊기 전에 어김없이 "더 궁금하신 사항이 있으신가요?"라고 물어본다. 여기에는 많은 심리적인 효과를 노리고 있다. 책임감을 느끼게 하는 효과도 있고, 문제를 다 해결 받았다는 심리적 만족을 느끼게 하는 효과도 있다. 물론 병원에서도 이를 적용하면 좋겠지만, 사실 이런 말까지 하기는 쉽지 않다. 그러니 마지막에 "좋은 하루 보내세요"와 같은 짧은 인사말과 함께 전화를 끝내면 좋다. "네" 이러면서 전화를 끊지 말고 말이다.

5. 2초 있다가 끊기

마지막은 전화를 잘 끊는 것이다. 사실 이건 초등학생에게 예절을 가르치는 기분이다. 하지만 병원 대기실에서 기다리다 보면 이것을 지키지 않는 병원이 10곳 중 5곳, 절반은 된다. 정말 전화기를 그냥 뚝 던져버리는 병원도 셀 수 없이 많다. 환자 입장에서는 이 전화 끊는 소리가 너무 싫게 들린다. 더욱이 처음 이 병원에 전화를 했는데, 이렇게 전화를 끊어버리면서 기분이 상해서 가고 싶지 않다는 생각이 든다.

잘못된 전화응대는 보이지 않게 우리 병원을 망하게 하는 가장 나쁜 방법이다. 반면 잘된 전화 응대는 꾸준하게 초진 환자를 오게 하는 가장 좋은 방법이다.

응대 멘트 하나로
병원의 이미지를 만든다

점심을 먹기 위해 식당에 가는 상황을 생각해보자.

먼저 A식당에 들어갔다.

"안녕하세요! 몇 분이신가요?"
한 종업원이 문을 열고 들어가는 우리는 향해 밝게 웃으며 말한다. 이어 손바닥을 펴서 빈자리를 향하며 말한다.
"여기 앉으세요."
그리고 메뉴판을 가져와 식탁 위에 살짝 놓으면서 미소를 띠고 다시 말한다.
"천천히 보시고 메뉴 고르시면 말씀해주세요."
우리가 흔히 보는 식당의 첫 모습이다. 대단히 화려하지도 않고, 부족하지도 않다. 만약 이 정도만을 지켰다면 일반적으로 우리는 그 식당의 친절도에 대해 나쁜 평가는 하지 않는다.

B식당은 어떨까?

문을 열고 들어갔는데 종업원의 인사말은 들리지 않는다. 사실 뭐 그리 바쁜 것 같진 않다. 나를 한 번 흘깃 보더니, 턱과 시선을 빈 자리 쪽을 향해 살짝 비틀며 말한다.
"저기에 앉으세요."
식탁에 앉아 기다리는 우리에게 가까이 오더니 퉁명스럽게 한마디 한다.
"골랐어요?"
메뉴판을 달라는 우리의 말을 듣고 메뉴판을 주는데, 분명 일부러 그런 것은 아닌 것 같지만 메뉴판을 테이블에 놓는 느낌이 뭔가 툭 던지는 듯한 거슬리는 느낌을 받았다.
'우리가 귀찮은가? 왜 이렇게 불친절하지?'
그 식당은 아직 음식도 나오지도 않았는데 우리는 이미 그 식당에 대한 평가를 마쳤다. 그곳의 음식이 월등히 맛있지 않다면 아마 이곳은 오늘 이후에 다신 오지 않을 것이다.

첫인사, 자리 안내, 메뉴 설명
아주 기본적인 식당의 첫인상에 대한 평가다. 정말 별것 아니지 않은가? 이 단순한 3개를 가지고 어떤 곳은 친절한 식당이 되거나 어떤 곳은 음식과 상관없이 다신 가고 싶지 않은 식당이 된다. 그래서 프랜차이즈 식당들은 이 3가지를 응대 매뉴얼로 만들어 항상 같은 응대를 하도록 만든다.

병원도 마찬가지다. 초진 환자를 응대하는 직원의 모습이 그 병원의 수준이다. 병원도 식당과 마찬가지로 문을 열고 들어와서 데스크에 와서 접수하고 순서가 될 때까지 대기하는 것 이것이 직원의 첫 대면의 전부다. 식당의 접점과 다를 게 없다. 적어도 바로 그 접점에서의 응대 멘트는 아주 잘 연습해야 한다.

나는 병원에서 CS교육도 많이 해봤지만, 기업 강사 모임을 통해 서비스교육 강사들을 꽤 많이 알고 있다. 그 강사들에게 동네 의원의 CS교육을 어떻게 하냐고 물어보면 하나같이 똑같은 대답을 한다. 콜센터나 서비스센터 직원에게 하는 서비스 교육 강의 자료와 거의 같은 자료를 쓴다고 말이다.

규모가 조금 큰 종합병원에서 교육하면 파트별로 교육해야 할 서비스 행동들이 다르다. 예를 들어 종합병원의 병실 간호사와 수술실 간호사는 서비스 교육이 다르다. 원무과 직원과 검사실 직원의 교육도 다르다.

하지만 일반 동네 의원의 간호조무사의 업무는 어떤가? 대부분이 가벼운 질환을 앓고 있고, 주 업무가 환자의 상태를 묻고 접수를 해주며 검사를 잘 받을 수 있도록 도와주는 역할이다. 그래서 서비스센터에서의 고객 응대 교육이 동네 의원에서 가장 맞는 교육인 것이다.

그러면 어떻게 해야 초진 환자가 병원을 찾아오자마자 친절하다는 느낌을 받을 수 있을까? 다음과 같이 3가지 항목을 만들어 반복 연습하면 된다.

- 호칭
- 환자의 접점 멘트
- 멘트할 때의 행동

이렇게 3가지만 만들자. 너무 복잡하게 상황에 맞는 매뉴얼을 다 만드려고 하지 말고, 딱 인사만 제대로 할 수 있도록 간단한 응대 매뉴얼부터 만들어라.

호칭

환자분, 어머니, 아버님, 선생님, 어르신….

병원을 찾은 사람에게 어떤 호칭이 가장 좋을까? 사실 몸이 아파 병원에 온 사람에게 "○○환자분"이라고 부르는 것은 너무 당연한 호칭이라고 생각할 수 있다. 하지만 은행에 대출을 받으러 갔다고 해서 "110번 대출자님" 식당에 밥을 먹으러 갔는데 "3번째 테이블 배고프신 분!"이라고 한다면 기분이 좋을까? 아픈 사람에게 환자라고 부르는 것은, 부르는 사람에게만 익숙해졌을 뿐 그리 듣기 좋은 말은 아니다.

그렇다고 직원의 기준으로 어르신이라고 부르거나 결혼을 안 한 미혼자에게 어머님이라고 한다거나 부른다면 이 역시 듣는 사람이 기분 좋은 호칭은 아닐 수 있다. 때론 사교성을 타고난 직원이 호칭과 적절한 반말을 섞어가며 환자들의 기분을 좋게 하는 직원들도 있지만, 이것은 정말 특별한 그 사람만의 노하우고, 모든 사람이 그렇게 할 수는 없다. 그래서 병원에서는 이름을 불러주는 것이 가장 좋은 호칭이다. ○○○님 이렇게 성과 이름에 님을 붙여서 호명해주는 것이 병원에서 가장 좋은 호칭이다.

환자의 호칭도 중요하지만, 병원 직원들끼리 부르는 호칭도 무척 중요하다. 인영 씨, 인영 선생님, 인영 언니, 인영 쌤. 어떤 것이 제일 좋은가? 환자들은 간호사와 간호조무사의 차이를 잘 모른다. 병원에서 일하면 다 전문가라고 생각한다. 그런데 이러한 전문가가 서로를 부를 때 수준 낮은 호칭을 부르며 다 들리는 잡담을 하는 경우 환자들은 병원의 수준을 낮게 본다. 그래서 서로를 호명할 때 ○○야~, ○○씨~, ○○언니~. 이러는 것보다는 ○○선생님이라는 호칭을 쓰는 것이 좋다.

환자의 접점 멘트

환자를 부르는 멘트는 '○○○님'으로 통일하기로 했다. 그럼 무엇을 말해야 할까? 물론, 병원마다 환자와 직원이 만나는 접점은 다다를 것이다. 일단 이 페이지에서는 초진 환자가 병원에 처음 왔을 때 어떻게 병원을 평가하는지를 생각해보고 있다. 그러니 초진 환자가 진료 접수를 하고 대기실에 앉아 있는 순간까지를 생각해보라.

"○○○님 안녕하세요."
"처음 오셨나요?
"어디가 불편해서 오셨나요?"
"인적사항을 작성해주시면 바로 접수해드리겠습니다"
"앞에 5명의 대기자가 있으니, 한 20분 정도를 기다리셔야 할 것 같습니다."
"기다리시는 동안 정수기 근처에 있는 따뜻한 차 한잔하시면서 기다리시면 좋을 것 같습니다"

이 정도면 충분하다. 이 정도의 접점 매뉴얼을 만들고 최대한 친절하게 반복 연습하면 된다.

멘트할 때의 태도

이렇게 5문장 정도의 공통된 인사말을 매뉴얼로 만들었다면 그것을 할 때의 태도를 연습해야 한다. 같은 말이라고 할지라도 그 사람이 표정과 행동에 따라서 완전히 다른 말이 된다.

예를 들어 "어디가 불편해서 오셨나요?"라는 말을 직원이 환자를 보지 않고 모니터를 쳐다보면서 퉁명스럽고 톡 쏘는 말투로 말했다고 생각해보자. 환자 입장에서는 '내가 병원에 온 것이 짜증이 나나? 귀찮나?' 이런 느낌을 받게 된다.

인사에는 5가지 요소가 있다.
1. 인사말 2. 음높이 3. 표정 4. 시선 5. 인사의 방법

이 중에서 동네 의원에서의 가장 중요한 것은 3번(표정)과 4번(시선)이다. 병원이라는 환경에서 모든 직원이 같은 음높이(2번)로 말하고, 데스크에서 일어나 정중례(5번)를 할 수는 없다. 물론 친절하다고 평가받는 직원들은 이 5가지를 다 갖추고 있는 직원일 것이다. 하지만 친절하다는 평가까지는 아니더라도, 불친절하다는 평가를 받지 않기 위해서는 3번과 4번만은 꼭 지켜줘야 한다. '3번의 표정'은 웃고 있는 표정이다. 직원들이 항상 입꼬리를 살짝 올리는 연습을 해라. '4번의 시선'은 환자의 눈을 마주치는 것이다. 눈을 마주치지 않은 인사는 하지 않은 것과 같다. 또한 입꼬리를 올리지 않은 인사는 인사를 기쁘게 받았다는 느낌을 전혀 주지 않는다. 그러니 딱 이 2가지만 연습하자.

정리하자면 초진 환자가 병원의 직원과 대면하는 순간은 굉장히 짧다. 그 순간을 연습하라.

호칭을 통일하고,
5문장의 인사말을 정한 다음,
입꼬리를 올리고 눈을 마주치며 말하는 연습을 하자.

초진 환자는
병원을 평가한다

병원을 발전시키고 싶은가? 초진 환자들에게 평가를 받아라.

　새집에 이사했다고 하자. 현관 신발장에 있는 아주 작은 스크래치에도 민감하게 쓱쓱 손을 문지르게 될 것이다. 하지만 한 주, 한 달이 지나고 일 년이 지나면 욕실 바닥에 낀 물때도 별로 눈에 들어오지 않게 된다. 생활하면서 이러한 익숙함이란 어쩌면 당연하고 자연스러운 것이다. 심지어 익숙함이 없다면 오히려 생활이 더 피곤해진다. 만약 새집에 이사한 지 일 년이 지났는데도 신발장의 작은 스크래치 하나가 신경 쓰인다면 얼마나 피곤하겠는가? 그래서 익숙함이란 생활에서 필요하다.

　하지만 사업을 경영하면서 익숙함이란 발전하는 데 굉장히 큰 걸림돌이 된다. 문제가 문제로 보이지 않기 때문이다. 그래서 사업을 할 때는 익숙함을 극복할 수 있는 여러 장치를 하고 있어야 한다.

프랜차이즈 식당이나 카페를 가면 비슷한 느낌의 청결함이 언제나 유지되고 있는 것을 볼 수 있다. 개인 식당과 카페는 그렇게 청결하게 유지하는 것이 어려워서 그런 걸까? 아니다. 어느 순간부터 그것들이 문제로 보이지 않기 때문이다. 식당에 처음 방문한 고객에게는 너무 불청결하고, 불친절하고, 심지어 너무 맛이 없음이 바로 느껴지는데 정작 주인만 그것을 알지 못하게 되는 것이다. 하지만 프랜차이즈 식당은 매장 주인만 보는 것이 아닌 본사에서 일정한 기준으로 평가하며 관리해 주는 사람이 있기 때문에 늘 같은 컨디션이 가능한 것이다.

병원도 마찬가지다. 종합병원이나 개인병원에서도 이렇게 환경관리만을 위한 사람이 존재하는 곳은 항상 같은 퀄리티의 환경을 유지하고 있다. 하지만 동네, 대부분의 개인 의원에서는 이렇게 환경관리만을 위한 사람을 둔다는 것은 현실적으로 어려운 면이 있지 않은가? 그렇기 때문에 병원을 객관적으로 관리를 할 수 있는 체크리스트를 가지고 있어야 한다. 원장님 스스로 병원을 체크하며 병원의 개선 점들을 찾고 수정하는 수밖에 없다. 원장님에게는 익숙해져 더 이상 보이지 않는 것들이 초진 환자들에게는 너무나도 잘 보이기 때문이다.

서울 구로구의 한 가정의학과 원장님은 개원한 지 22년이 되었다고 한다. 당뇨, 고혈압과 같은 만성질환 환자들이 일 평균 35명 정도 내원하고 있다. 그런데 마을이 점점 노후화되고 예전에 병원을 찾았던 환자들이 다른 곳으로 이사를 하면서 환자들이 점점 줄어들고 있다. 정말 큰 문제는 초진 환자의 숫자가 터무니없이 적다는 것이다. 심지어 초진 환자가 단 1명도 오지 않은 날도 많다. 정말 만성질환 환자들조차 없다면 병원 문을 언제 닫아도 이상할 것이 없는 상황이 된 것이다. 문제가 심각하지 않은가?

　그런데 원장님은 이런 병원의 상황을 문제의 상황이라고 전혀 고려하고 있지 않다. 문밖에 나가서 병원 건물을 보면 몇 년 전에 바꾼 건지 알 수 없는 간판이 이미 바랄 대로 색이 바래 있고, 심지어 나무에 가려서 잘 보이지도 않는다. 온라인으로는 병원의 존재만 알 수 있지, 병원에 대한 그 어떤 정보도 알 수가 없다. 병원 대기실에는 예전에 가정의학과에서 유행했다는 비만 치료, 레이저 치료에 대한 다 낡은 포스터들이 그대로 걸려 있다. 정체를 알 수 없는 파상풍 관련 2006년 신문기사가 누렇게 변색된 채 걸려 있다. 접수대를 앉아 있는 1명 있는 직원은 주민등록번호를 물어보면서 환자들의 눈도 마주치지 않았다. 일반적으로 환자들이 없고 일이 쉬우면 직원들이 더 친절할 것 같다고 생각하지만 실제로는 환자가 없는 병원의 직원들이 대체로 더 친절하지 못하다. 이건 내 주관적인 생각이지만 일이 너무 한가하면 육체 또한 나른 해지게 된다. 서비스적인 친절은 그런 나른한 상황에서 잘 생기지 않는다. 업무적으로 긴장하고 있는 상황에서 서비스 친절이 더 잘 생기는 것 같다. 아무튼 이것저것 개선해야 할 점이 너무 많았다.

　제일 큰 문제는 앞서 말한 것처럼 원장님 스스로가 자신의 병원에 어떤 문제가 있는지? 어떤 것을 개선해야 할지? 전혀 알고 있지 못하고 있다는 것이다. '그냥 나는 오래된 병원이야!'라고 버티고만 있으면 환자들이 찾아오는가? 20년째 우리 병원을 찾는 환자들에게야 그저 오래된 우리 병원이라 생각하겠지만, 그곳을 지나다니는 사람들과 주변에 가정의학과 질환을 앓고 있는 환자들에게 우리 병원의 존재를 알려야 하지 않을까? 오래된 우리 병원은 막 생긴 신생 병원과 또 차별화된 강점을 만들어 보여줄 수 있지 않을까?

초진 환자들은 병원 데스크의 묵은 때도 자세히 다 보인다. 처음 온 이 낯선 대기실에서 병원의 모습을 둘러보며 어떤 병원인지를 평가한다. 누렇게 변해 있는 17년 전의 신문기사를 보면서 이 병원이 최신 의료기술로 나를 치료해주겠다고 생각하는 초진 환자는 아무도 없다.

기본적으로 초진 환자의 눈으로 우리 병원을 볼 수 있어야 한다. 하지만, 간판이나 대기실조차 허름하다 하더라도 모든 것을 압도하는 가장 중요한 것이 하나 있다. 바로 원장님의 진료 면담이다. 동네 의원의 가장 강력한 상품은 원장님의 진료다. 모든 평가를 최저점을 받더라도 진료에서만큼은 최상의 평가를 받아야 한다. 그러면 앞에서 말씀드렸던 마케팅을 하지 않더라도, 좀 허름하더라도, 심지어 간호사가 좀 불친절하더라도 그 환자는 주변에 입소문을 낼 것이고 그 소문을 듣고 병원에 초진 환자가 오게 된다.

그래서 다음 장에서는 진료에 관해 이야기할 것이다.

초진 환자의 눈으로 보는 체크리스트

작은 화장실 청소를 할 때도 체크리스트가 있다. 화장실 바닥에 물기는 없는지, 세면대는 깨끗한지, 손세정제는 채워져 있는지, 휴지는 충분한지, 휴지통은 넘치지 않는지, 배수구에 물이 잘 빠지는지, 핸드드라이어는 잘 작동하는지 등···. 체크리스트를 보면서 하나씩 청소하다 보면 놓치는 것 없이 매일 같은 컨디션을 유지할 수 있는 것이다.

하물며 병원을 경영하는 데, 항상 체크하는 체크리스트는 당연히 있어야 한다. 체크리스트의 기준은 초진 환자다. 초진 환자가 우리 병원에 왔다고 생각하고 체크해보라.

	점검 내용	예	아니요
온라인	인터넷에서 병원명을 검색했을 때 쉽게 검색이 되는가?		
	네이버의 각 항목에 노출이 잘 되는가? (파워링크, 블로그, 이미지, 지식iN, 동영상, 뉴스, 지도)		
	구글의 각 항목에 노출이 잘 되는가? (웹, 이미지, 동영상, 뉴스, 지도)		
	네이버 플레이스의 각 항목이 다 채워져 있는가?		
	홈페이지에 가치관과 진료 항목들이 잘 정리되어 있는가?		
	온라인에서 검색되는 비급여 비용에서 가격 경쟁력이 있는가?		
	적정성평가지표에서 양호 평가를 받았는가?		

	점검 내용	예	아니요
오프 라인	대중교통으로 병원에 방문하기 쉬운가?		
	병원의 간판은 깨끗하게 잘 보이는가?		
	창문의 사인들에는 핵심 내용만 잘 어필하고 있는가?		
	건물에서 병원을 바로 찾을 수 있는가?		
	병원까지 안내판이 제대로 되어 있는가?		
	엘리베이터에서 병원에 대한 설명을 볼 수 있는가?		
주차장	차를 가져온 사람들도 편리하게 이용할 수 있는가?		
	주차장에서 병원을 찾아올 수 있는 안내판이 있는가?		
	혹시 주차 안내원이 있는 건물이라면, 그 안내원은 친절한가?		
	주차장 자리가 없을 경우 대안이 있는가?		
병원 입구	병원 현관 주변은 깨끗한가?		
	병원 입구에 병원의 가치관이 전해지는 문구가 있는가?		
	병원 입구에 병원 이미지를 훼손하는 물건은 없는가?		
대기실	시각 : 밝기는 어떠한가? 너무 어둡지는 않은가?		
	후각 : 냄새는 어떠한가? 이상한 냄새가 나진 않는가?		
	청각 : 어떤 소리가 나는가? TV 소리가 너무 크진 않은가?		
	시각 : 분위기는 어떤가? 홍보 자료들이 조잡하지는 않은가?		

	점검 내용	예	아니요
대기실	미각 : 정수기 근처에 간단한 다과가 준비되어 있는가?		
	촉각 : 의자는 편안한가? 색이 바랬거나 벗겨지진 않았는가?		
직원	직원들의 용모는 단정한가? (헤어, 유니폼, 손톱, 액세서리, 문신 등)		
	고객과 눈을 마주치면서 인사하는가?		
	고객을 부르는 호칭과 인사말이 일관성 있는가?		
	고객의 정보를 물어볼 때 밝은 표정과 목소리로 대하는가?		
	안내 사항을 전달할 때 상냥하게 말하는가?		
대기 중	진료 대기하는 동안 병원의 가치관을 볼 수 있는가?		
	병원의 의료 수준을 유추할 수 있는 자료가 있는가?		
	의사의 실력을 엿볼 수 있는 자료가 있는가?		
	의료 장비에 대한 어필 자료가 있는가?		
	홍보물이 조잡하거나 너무 장사꾼 같이 느껴지진 않는가?		

이 체크리스트는 정말 간단하게 써본 것이다. 세분화시키면 이것보다 체크할 양이 10배는 더 많아질 것이다. 초진 환자의 시각으로 체크리스트를 만들고, 정기적으로 병원을 체크하라.

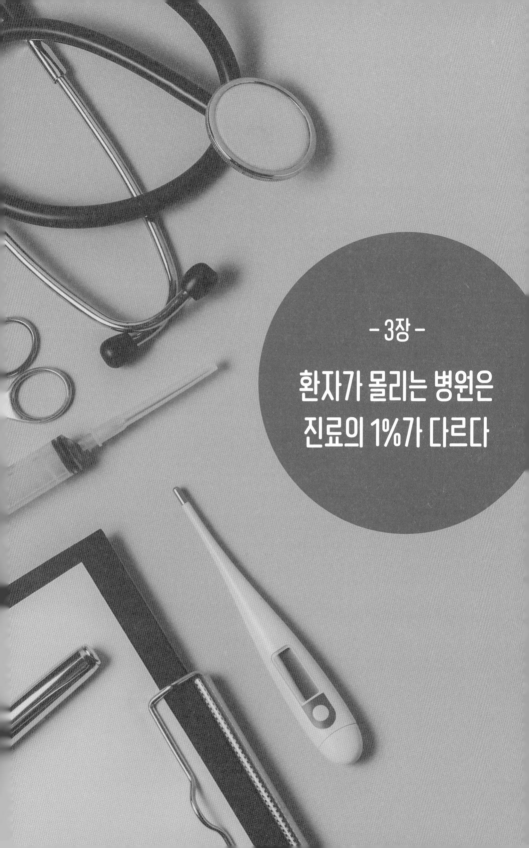

- 3장 -

환자가 몰리는 병원은
진료의 1%가 다르다

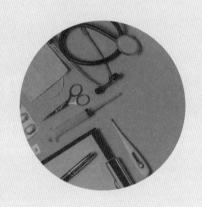

진료 커뮤니케이션 스킬을
배우라

　10년 전, 팔에 마비까지 오는 목 디스크로 '경추 4-5-6 유압술'이라는 큰 수술을 했다. 수술한 뒤에는 머리를 감을 때도 정말 조심해야만 했다. 수술 후 4개월쯤 지난 그 날 아침에도 병원에 가기 위해 보호대를 잠깐 빼고 머리를 감는데, 옆으로 머리를 살짝 돌리지도 못하고 고개를 숙이지도 못했다. 살짝만 움직이면 마치 목이 삐뚤어질 것 같은 느낌이 들었기 때문이다. 그렇게 정말 조심히 머리를 감고 병원에 가서 진료를 받는데, 교수님이 엑스레이 결과를 보고 난 뒤 나를 보며 밝게 웃으면서 한마디 하셨다.

　"오! 아주 잘 붙었네요! 역시 젊으니까 금방 붙네!"
　"자! 이제 다 나았으니까 보호대 푸시고 목을 옆으로 돌려보세요. 고개 숙여 보시고요."

그 순간 교수님은 마치 예수님 같았다. 앉은뱅이에게 일어나라면 일어나고, 눈먼 자에게 눈을 뜨라면 뜨게 되는…. 분명 오늘 아침까지만 해도 목을 살짝만 돌려도 목이 삐뚤어질 것 같았는데, 교수님이 그 말 한마디 해주니 내 목은 정상이 되었다. 그리고 교수님의 말 중에서도 밝게 웃으면서 "아주 잘 붙었다는, 젊으니까 금방 붙은 것 같다"라는 그 표정과 말이 내게 힘이 되었다. 만약 그 밝게 웃는 표정이 없고, 그냥 화면을 보며 "잘 붙은 거 같네요"라고 말했다면, '내가 정말 잘 나은 거 맞나? 오늘 아침에도 목이 삐뚤어질 것 같은 느낌이었는데…'라는 찝찝한 느낌이 계속 있었을 것 같다.

진료 커뮤니케이션이란?

일반적으로 커뮤니케이션이라고 하면 언어로 서로의 의사를 주고받는 의사소통이라고 생각한다. 하지만 커뮤니케이션은 언어뿐만 아니라 비언어적인 요소들을 모두 포괄한다. 진료 면담 과정에서 일어나는 대화 역시 언어의 내용을 뛰어넘어 의사의 억양, 시선, 표정, 행동이 커뮤니케이션의 중요한 요소다. 실제로 메라비언의 법칙(The Law of Mehrabian)에 따르면, 사람의 메시지 전달 요소 중에서 대화의 내용이 차지하는 부분은 7%에 불과하다. 목소리가 38%, 나머지 보디랭귀지가 55%를 차지한다. 이것은 1971년에 발표된 UCLA 심리학자 앨버트 메라비언(Albert Mehrabian)의 연구결과를 바탕으로 나온

수치지만, 약 50년이 지나면서 반박되지 않고 오히려 법칙처럼 받아들여지고 있다. 중요한 포인트는 커뮤니케이션에서 언어 이외가 차지하는 비중이 90%가 넘는다는 것이다. 놀랍지 않은가? 커뮤니케이션에서 내가 말하고자 하는 내용보다 그 밖의 것들이 9배나 중요하다는 사실이 말이다.

하지만 안타깝게도 원장님 중에서는 환자들을 대하는 데 자신의 자세, 태도, 억양 등을 전혀 고민하지 않는 것 같다. 세상의 모든 일이 점점 발전하기 위해서는 하는 일에 관해 연구하고 공부해야 하는데, 의사 선생님은 질환에 대한 지식을 쌓는 것만 공부라고 생각하는 것 같다.

환자의 치료는 수술과 약으로만 이뤄지는 것이 아니다. 의료진의 말과 태도가 환자의 증상을 호전시키는 데 실제로 큰 영향을 준다. 그만큼 환자와의 커뮤니케이션은 치료약 만큼 중요하다. 미국에서는 이미 30여 년 전부터 '의료 커뮤니케이션'을 의대 정규 교과목으로 채택해서 교육하고 있다. 또한 10여 년 전부터는 대학에 의료 커뮤니케이션 전공 과정이 생겨서 이 의료 커뮤니케이션 전문가를 양성하고 있기도 하다.

나는 지금까지 수십 명의 의사와 진료 커뮤니케이션을 일대일로 공부를 할 기회가 있었다. 진료 면담에서 흔히 발생하는 여러 상황에서 가장 좋은 답안을 찾는 것은 나에게 굉장히 재미있는 일이었다.

예를 들어 '진료 시간에 말이 너무 많은 환자의 말을 기분 나쁘지 않게 어떻게 끊을까?' '오진했을 때 어떻게 말해야 하나?' '검사결과가 안 좋게 나왔을 때, 어떻게 전달하는 게 맞을까?' '항상 약을 남기는 환자들을 어떻게 고칠까?' 이렇게 하나씩 주제를 던지며 가장 좋은 진료 면담 내용을 찾는 것 말이다. 하지만 이러한 언어적 모범 답변보다도 환자들에게 더 즉각적으로 효과가 나타나는 것은 원장님의 자세와 태도, 억양과 같은 '비언어적인 요소'였다. 그뿐만 아니라 진료실의 배치와 청결도 '환경적인 요소'를 수정했을 때도 환자들의 만족도가 더 올라갔다.

모든 진료 커뮤니케이션 스킬을 책 속에 담을 수는 없지만, 아주 기초적이지만 반드시 지켜야 하는 효과 좋은 진료 커뮤니케이션 스킬에 대해서 소개하려고 한다.

환경적 진료 커뮤니케이션 스킬
비언어적 진료 커뮤니케이션 스킬
언어적 진료 커뮤니케이션 스킬

아주 심플한, 오늘부터 바로 실천할 수 있는 사항들만 담았다. 언제나 핵심은 기본에 있다. 실천 사항들이 너무 쉽고 당연하게 여겨지는 것들이라 읽고 지나칠 수도 있다. 하지만 핵심은 항상 그곳에 있다. 쉽게 읽고 지나치지 말고 반드시 우리 병원과 원장님 스스로를 체크해보길 바란다. 그러면 책을 쓰는 나도 조금이나마 의료 서비스의 수준을 향상했다는 만족감을 느낄 수 있을 것 같다.

환경
진료 커뮤니케이션 스킬

[비밀6]

　전남 여수는 맛집이 따로 없다는 말이 있다. 그만큼 어느 식당을 가도 음식이 맛있다는 말이다. 친구를 만나러 여수에 내려가서 맛집이라고 하는 식당에 간 적이 있다. 여수에 있는 맛집이라니 기대가 되었다. 갈치조림 백반집이었다. 음식을 주문하고 잠시 화장실에 가는데, 가는 길이 주방 옆을 지나가게 되어 있었다. 그냥 앞만 보고 화장실에 갈 걸 그랬다. 보지 못할 것을 봤다. 화장실 옆 구멍 사이에서 주먹보다 더 큰 쥐가 주방으로 들어가는 것이 아닌가? 뭐 충분히 있을 수 있는 일이라고 생각한다. 그런데 쥐를 쳐다보다 주방 안을 자세히 보게 되었다. 주방에는 파란색 플라스틱 통에 조림양념인 것 같은 빨간 소스가 가득 담겨 있었는데, 마치 1년 동안 한 번도 닦지 않은 것처럼 때가 쌓여 있었다. 너무 더러웠다. 화장실을 갔다가 나와서 음식을 먹는데, 계속해서 그 쥐와 파란색 통이 생각났다. 친구는 음식이 맛있다고 하는데 나는 전혀 맛있지가 않았다.

진료실 정리

경기도 시흥의 한 이비인후과 원장님을 처음 뵈었을 때, 진료실을 보고 깜짝 놀랐던 기억이 있다. 그 진료실은 정말 사진을 보여주고 싶을 정도로 지저분했다. 책상에서 손을 올려놓을 수 있는 공간은 키보드 자리밖에 없다. 모니터 옆에 고시생 수험서처럼 쌓아 놓은 서류들은 도대체 언제 쌓아 놓았는지 서류들이 눌어붙어 책 한 권이 된 느낌을 받았다. 과연 이 책상 앞에서 환자들이 면담하고 전동체어에 앉아서 입과 코에 약품을 넣을 때, 어떤 느낌을 받을까? '이건 소독을 했을까?' '오래된 약품을 쓰는 건 아닐까?' 이런 생각이 들지 않을까?

병원 진료실에 들어가면 매일 청소하는 듯 깨끗한 진료실이 있는가 하면, 여기가 진료실이 맞나 싶을 정도로 지저분한 진료실이 있다.

식당에서는 찌든 때가 가득한 플라스틱 통이었다면, 진료실에는 먼지 쌓인 키보드와 모니터, 전동체어 옆으로 살짝 보이는 누런 고무호스가 그것이다. 물론 그 병원을 3년, 5년, 10년을 다닌 충성 환자들이야 그 환경이 익숙하니까 괜찮을지 모르겠다. 하지만 우리 병원을 처음 찾은 초진 환자가 진료실에 처음 들어갔을 때, 책상 위에 알 수 없는 온갖 서류와 종류를 알 수 없는 책들이 뒤섞여 정신없는 진료실을 보면 의사에게 전혀 신뢰가 가지 않을 것이다. 왜 진료를 시작도 안 했는데 신뢰를 잃고 시작하는가?

진료실 환경을 깨끗하게 하는 것은 기본 중의 기본이다. 일단 당장 이번 주 토요일 오후 진료를 마치고 '다음 적어놓은 것들만' 진료실에 둔다고 생각하고 진료실을 완전히 비우라.

| 책상 |

모니터, 키보드, 마우스, 청진기, 체온계, 해부 모형들, 빈 종이, 포스트잇, 물컵, 진료과마다 반드시 필요한 의료용품 등

이외의 그 어떤 것도 책상 위에 있으면 안 된다. 그리고 위치도 중요하다. 모니터와 신체 모형들이 환자와의 시선을 가로막는다면 위치와 방향을 바꿔야 한다. 의사와 환자의 시선 가운데에는 어떤 것도 위치하면 안 된다.

| 책장 |

의료와 관련된 전문 서적, 인증패, 수료증, 상패, 가족사진

마찬가지로 진료실 책장에도 위의 것 외의 어떤 것도 있지 않도록 치운다. 물론 병원에 필요한 행정 서류철은 한 코너에 몰아서 놓을 수 있지만, 이것마저도 다른 곳에 보관할 수 있다면 치우는 것이 좋다. 정말 이외의 어떤 책들도 책장을 채우지 못하게 해야 한다. 책장의 모든 책이 의료와 관련된 책들, 그리고 조금 우습게 들릴 수도 있겠지만 제목이 영어로 된 의학전문서적, 진료 분야의 두꺼운 책들

이것들이 환자들의 시선에서는 의사를 대단하게 생각하게 하는 간접 도구가 된다. 별것 아니지 않은가? 책장에 있는 많은 책을 집에 가져가든, 휴식공간에 치워 놓든, 책장을 모두 비우고, 비어 있는 책장을 인터넷 중고서점에서 사서라도 의료와 관련된 두꺼운 책들로 책장을 채워 놓아라. 비웃고 넘어가면 그만일 수도 있지만, 환자와 항상 접하는 이 진료실의 환경에서 환자들이 신뢰감을 느낄 수 있는 요소가 있다면, 유치하더라도 해보는 게 좋지 않을까?

| 진료실 벽 |

신체 해부도, 신체 모형, 1~2개 정도 아름다운 풍경 사진

딱! 이것 빼고는 모두 치운다고 생각하자. 실제로 청소를 해보면 정말 치울 것이 엄청나게 많을 것이다. 진료실의 구성은 환경만으로도 의사의 권위를 세워주고, 첫인상에 신뢰를 줄 수 있는 아주 중요한 요소이다. 그냥 지나치고 미뤄두면, 앞으로 몇 년이 지나도 안 치워진다. 정말 마음먹은 이번 주 토요일 오후에 꼭 정리하라!

의사의 용모

어떤 사람을 처음 만난다고 하자. 우리는 그 상대의 옷차림과 머리 스타일, 태도와 주변 환경을 보고 그 사람을 평가하게 된다. 초진

환자도 의사의 용모를 보고 의사를 평가한다. 어느 자리든 어울리는 스타일이 있다. 비즈니스 미팅에 운동복에 슬리퍼를 신고 가진 않을 것 아닌가? 반대로 가족여행을 가는데 턱시도를 입고 가지도 않을 것이다. 진료실에서 진료실 환경과 더불어 의사의 복장과 용모는 초진 환자들이 의사를 평가하는 첫 번째 평가 기준이다.

복장

환자들이 가장 신뢰감 느끼는 의사의 복장은 정장 위에 입은 하얀색 가운이다. 물론 긴 팔 가운과 넥타이는 감염병 위험을 낮추기 위해서라도 권고되지 않는 복장이 되었지만, 그런데도 환자들이 의사에게 가장 신뢰감이 느껴지는 복장이라는 것은 변함이 없다.

서울의 한 이비인후과 원장님은 나비넥타이를 매는 것으로 유명하다. 그리고 대기실에는 나비넥타이를 매는 이유인, '감염병 위험 감소와 환자에 대한 예의'에 대한 본인의 소견을 써 놓았다. 마치 앞서 말한 차별화 포인트인 것이다.

한 소아청소년과 원장님은 뽀로로 의사 가운을 제작해서 입고 진료하는 분도 있다. '그렇게까지 해야 하나?'라고 생각할 수 있겠지만, 환자들의 관점에서 봤을 때는 정말 좋은 의사로 와 닿는다. 그리고 그것은 역시 좋은 입소문을 만들어낸다.

의사 가운은 저렴하게는 10만 원, 비싸게는 40만 원 정도 한다. 물론 적지 않은 금액이긴 하지만 적어도 1년에 한 번은 가운을 교체하자. 보통 옷은 1년이 지나면 색이 달라진다. 남성들은 이러한 것에 민감하지 않지만, 여성 중에서는 유독 예민한 사람들도 많다. 1년 동안 여러 때가 묻어 얼룩이 미세하게라도 생겨 있는 가운은 제발 더는 입지 말자. 흰색 옷은 오래되면 흰색 옷이 아닌 느낌이 드는데, 이 느낌을 본인은 잘 모른다. 그러니 매년 9월과 5월을 교체 일로 잡아놓고, 하계, 동계 가운을 매년 교체하는 것이 좋다.

점심 시간에 근처 식당으로 식사하러 가면서 진료 가운을 그대로 입고 가는 원장님이 생각보다 많다. 겨울철이야 겉 가운을 벗고 외투를 입으면 되지만, 여름 같은 경우는 진료 가운 자체를 벗었다가 새로운 옷을 입어야 하는 경우가 많기 때문에 불편한 것이 사실이다. 하지만 의사들이 가운을 입고 식당에서 식사하는 것을 보고, 민원을 제기하는 사람들이 있다는 것을 아는가? 어처구니없는 표정을 지으실 수도 있지만, 의사를 바라보는 시각이 진료실에서 환자들을 보던 옷으로 식사를 하거나 식사를 하던 옷으로 진료를 받고 싶지 않다는 것이다. 하지만 미국에서는 병원 밖에서 수술복 착용을 금지하는 법이 있고, 영국에서는 병원에서 입는 옷을 외부에서는 입지 못하도록 권고하고 있다. 불편하더라도 병원 밖으로 외출할 때에는 진료 가운을 벗어 놓고 나가는 것이 좋다.

헤어

만 원짜리 회로 유명한 프랜차이즈가 있다. 가끔 아내와 집 근처에 있는 그 식당에서 외식했었다. 그런데 어느 날, 식당 후문에서 담

배를 열심히 피우던 주방장이 손도 씻지 않고 그냥 주방장으로 들어가는 것을 봤다. 별로 기분이 좋지 않았다. 물론 그 이후에도 그 식당은 가성비가 너무 좋아 계속 가긴 하지만, 만약 그것을 더 중요하게 생각했던 사람이 봤다면 식당에 가지 않았을 수도 있겠다는 생각이 들었었다. 한 끼 음식을 맡기는데도 이렇게 꼼꼼한데, 자신의 몸을 진료받으면서 환자들이 이렇게 생각하지 않을까? '이 의사가 이렇게 자기 관리도 안 되는데 나를 잘 관리해줄 수 있을까?' 하는 의문이 생길 것이다.

원장님들을 뵈면서, 손톱이 지저분한 원장님은 본 적이 없다. 하지만 머리를 다듬지 않은 원장님은 너무나도 많이 봤다. 아침에 머리를 감지 않은 것인지? 속된 말로 떡진 머리나, 물로만 묻힌 머리를 하고 계신 원장님을 너무 많이 봤다. 의사의 용모의 기준은 '멋있고', '예쁘게'가 아니다. 무조건 '깔끔'과 '깨끗'이다. 디자인적으로는 아무리 뒤처져도 깔끔하고 깨끗하다면 괜찮다. 예쁘고 멋있는 것의 기준은 모두 다르지만, 깔끔하고 깨끗함의 기준은 어느 정도 비슷하다. 그 기준은 반드시 넘겨야 한다. 깨끗하지 않은 원장님께 진료받기를 원하는 환자는 아무도 없다.

소개를 받아 대구의 N내과에 갔을 때, 원장님은 반팔 의사 가운을 입고 있었다. 그런데 팔 전체에 정말 머리카락이라고 해도 믿을 정도의 털이 많이 나 있었다. 몸에 털이 많은 것이 무슨 잘못인가? 전혀 문제가 될 것이 없다. 하지만 건강검진을 받는 병원이기 때문에 팔에 지나치게 많이 나 있는 털은 긴 팔 가운으로 가리는 것이 더 좋았다. 그런 것에 아무렇지도 않은 내가 봐도 약간 부담스러울 정도였으니, 예민한 환자들이 봤다면 일단 병원에 편견을 심어줄 수 있을 것이다.

물론, 의사의 용모가 멋있다면 굉장히 큰 이점이 있다. 원장님이 잘생긴 소아청소년과의원에는 환자가 많다는 이야기를 들어본 적이 있는가? 나도 처음에는 장난인 줄 알았다. 아이 엄마들이 왜 소아청소년과 의사가 잘생겼다고 거길 찾아가나 생각했다. 그런데 무슨 다른 마음이 있다기보다는 기왕 병원에 가야 한다면 잘생기고 멋진 의사한테 진료받고 싶은 마음이 있는 것이다. 하지만 모든 의사 선생님이 이런 혜택(?)을 누릴 수는 없다. 하지만 의사 선생님은 의사 가운을 입었기 때문에 깔끔하게만 차려입고 머리도 단정하게만 하면, 대부분 굉장히 멋있어 보인다(내 주관적인 생각이다). 하지만 꾸깃꾸깃한 가운에 커피 얼룩도 있고 머리는 덥수룩한 스타일의 의사라면 그다지 매력적이지 않다. 어쩔 수 없다면 그 병원에 가겠지만, 다른 선택권이 있다면 다른 병원에 가고 싶다.

앞의 조언들이 별것 아니라고 넘길 수 있겠지만, 정말이지 엄청나게 중요한 것들이다. 이번 계기로 진료실 환경과 자신을 모습을 꼭 한 번 돌아봤으면 좋겠다.

비언어적
진료 커뮤니케이션 스킬

[비밀7]

　인천 남동구에서 가장 잘되는 내과 중 한 곳의 원장님은 환자가 들어오면 항상 자리에서 일어나서 인사한다. 개원하고 얼마 안 된 원장님들이야 그럴 수 있다고 생각한다. 개원 초기의 열정으로 말이다. 그런데 그분은 개원한 지 10년이 넘었다. 한결같이 자리에서 일어나신다. 자리에서 일어나서 충청도 사투리가 약간 섞인 억양으로 이렇게 말한다. "아유~ 오셨어요? 여기 앉으세요." 어느 날 너무 궁금해서 물어봤다. "어떻게 이렇게 매번 일어나서 인사하실 수 있어요? 힘들지 않으세요?" 그랬더니 원장님이 이렇게 대답했다. "헬스장 가서 한 시간씩 달리기도 하면서 하루에 100번 정도 앉았다 일어났다 하는 게 뭐가 어렵다고 그래?" 이것을 긍정의 힘이라고 해야 하나? 그런데 맞는 말이기도 하다. 환자가 올 때마다 일어난다고 생각하면 힘들지만, 그래 봤자 하루에 100번 일어나는 것이다. 진료실에서 운동한다 생각하고 일어나서 인사하는 건 어떨까?

경기도 시흥에 있는 한 내과에서 원장님이 내게 '환자들의 마음을 한 번에 얻을 수 있는 꿀팁' 하나만 알려달라고 했다. 사실 그런 건 없다. 그런데 바로 적용할 수 있는 딱 한 가지를 알려드리겠다며 환자들이 진료실에 들어왔을 때, 자리에서 일어나 인사를 하시라고 알려드렸다. 그런데 그 원장님은 이렇게 말했다. 환자들을 너무 귀하게 대해주면 의사를 막 대하려고 한다고, 의사는 권위를 지켜야 진료에도 힘이 생긴다고. 얼핏 들어서는 맞는 말이다. 의사의 진료에는 권위가 있어야 한다. 그래야 환자가 신뢰하고 진료를 따라온다. 그런데, 원장님께 진료를 받기 위해 병원에 찾아온 환자에게 앉아서 고개 끄덕이며 인사하는 것이 권위인가? 자리에서 일어나서 인사하면 권위가 사라지나? 잘 생각해보라. 결국 그 원장님은 자리에서 일어나 환자에게 인사하는 것을 하지 않으셨다.

솔직히 자리에서 일어나 인사하는 것은, 필수 사항은 아니다. 그리고 원장님이 말한 대로 너무 과한 서비스적 행동은 오히려 역효과가 날 수도 있다. 10년 동안 인사한 그 원장님처럼 구수한 사투리와 함께 익숙한 자세가 동반하지 않고, 엉덩이를 의자에서 반만 뗀 상태에서 구부정한 인사를 동반한다면 오히려 안 하는 것이 나을 수도 있다. 하지만 다음 말씀드리는 비언어 커뮤니케이션의 3가지 필수 원칙은 해도 되고 안 해도 되고의 문제가 아니다. 환자를 진료하는 원장님이라면 누구라도 꼭 해야 하는 3가지 원칙이다.

1. 환자의 눈을 마주친다

진료실에서 환자의 눈을 언제 바라보면 될까? 정답은 '처음부터 끝까지'다. 환자가 진료실 문을 열고 들어올 때 눈을 바라보며 인사한 뒤, 진료를 보는 동안, 그리고 나가는 데까지 환자의 눈을 바라봐야 한다. 물론 이것을 지키는 것이 현실적으로 얼마나 어려운지는 나도 잘 안다.

광명의 한 내과 원장님은 환자가 진료실과 데스크 컴퓨터에 네이트온 채팅창을 열어놓고 진료를 본다. 다음 환자가 오기 전에 환자에 대한 정보를 다 읽어보고 난 뒤, 채팅창에 "○○○님" 이렇게 환자 이름을 적으면 데스크의 직원이 해당 환자를 호명해 진료실에 들어갈 수 있게 한다.

하지만 대체로 어떠한가? 환자가 문에 들어왔을 때 환자를 향해 힐끗 보고 인사하고 차트를 봐서 어떤 환자인지를 봐야 하지 않는가? 그러면 굉장히 조급해진다. 환자가 문을 열고 들어와서 자리에 앉을 때까지 환자 정보를 스캔하다가 아직도 못했으면 환자가 자리 앉은 다음에도 차트를 계속 보고 있어야 한다. 이미 환자와의 첫 소통은 없는 것이다. 하지만 환자가 들어오기 전에 이미 차트를 보고 나서 어떤 환자인지를 파악했을 때 들어왔다면 환자가 문을 열고 들어와서 앉을 때까지 바라보면서 인사할 수 있다. 반갑게 인사하고 자리에 앉아서 오늘의 상황을 물어볼 수 있다. 아주 간단한 차이인데, 이 차이가 진료의 큰 차이를 만든다.

일단 보험 진료과에서는 일일 환자 수가 상당히 많다. 환자가 들어올 때까지 그 환자가 어떤 환자인지, 이전에 어떤 질병을 앓고 있었는지를 파악하는 데 시간이 필요하다. 그리고 환자의 이야기를 들으며 지난 번에는 무슨 이야기를 했었는지 등을 함께 보면서 진료 면담을 해야 한다. 그리고 환자가 돌아갈 때는 상병과 약제, 오늘 면담 상황을 정리는 차트를 정리해야 한다. 자! 그럼 환자의 눈은 언제 쳐다보나?

실제로 환자가 진료실에 들어왔을 때 아무런 인사도 없고, 얼굴을 살짝 본 뒤 그 뒤는 컴퓨터 모니터만 보다가 진료를 마치는 원장님이 실제로 존재한다. 그리고 이 책을 읽고 있는 대부분의 원장님도 진료 시간의 절반을 모니터만 보고 있는 경우가 정말 많다.

이것을 고치기 위해서는 환자가 들어오기 전에 약 15~20초 정도 환자에 대해 파악하는 시간을 가질 수 있는 시스템으로 바꿔야 한다. 차트에서 접수한 환자 정보를 먼저 확인하고 환자를 콜 할 수 있게 되어 있는 차트라면 그대로 적용하면 된다. 그러나 접수한 환자의 정보를 보기 위해 클릭하는 순간 환자가 호명되어 바로 들어오는 차트의 경우에는 호명 기능을 끄고, 원장님이 먼저 환자 정보를 파악한 뒤, PC 카카오톡이나 차트 메시지로 메시지를 넣어 환자를 들어오게 해야 한다. 환자가 진료실에 들어갔을 때 원장님의 눈 마주침이 얼마나 중요한 역할을 하는지 안다면 이 시간에 절대 모니터만 보고 있지 못할 것이다. 친구를 만나 대화를 하는데 친구가 휴대전화만 하고 있다며 어떨까? 내 이야기를 들어주고 대화를 하는 것 같긴 한데, 눈과 손은 휴대전화를 하고 있다면 정말 기분이 나쁠 것이다. 의사가 차트를 보는 것은 환자도 인정한다. 진료의 일환이라고 생각하기 때문이다. 하지만 환자가 말을 할 때는 환자를 바라봐야 한다. "오늘 어디가 불편하신가요?" 하면서 환자를 바라보자.

물론 이 책을 보고 위에 말한 환경을 만들 원장님은 정말 1%도 안 되리라 생각한다. 실제 진료 환경이 쉽지 않기 때문이라는 것도 알고 있고, 익숙해진 패턴을 바꾸기도 쉽지 않다는 것을 알고 있다. 그렇지만 진료 시간 동안 환자의 시선을 얼마나 마주치는지는 꼭 생각해보시길 바란다. 그리고 더 많은 시선을 마주치기 위해 어떤 패턴을 바꿔야 할지도 고민해보시라.

2. 표정을 일치시키자

표정에는 진지한 표정과 긍정의 표정이 있을 것이다. 표정은 의사가 진료 면담에서 말할 때도 중요하지만, 환자의 이야기를 들을 때가 더 중요하다. 환자가 옆에서 눈을 마주치려 하면서 배가 아프다고 말하는데, 의사는 무표정으로 모니터를 보면서 타자만 치고 있다고 생각해보자. 정말 나에게는 아무런 관심이 없는 의사라는 생각이 들 것이다. 배가 아프다는 말에 "아이고! 불편하셨겠네요?" 하면서 눈살을 살짝 찌푸리는 듯한 표정을 지어보자. 마치 내 고통을 의사도 알고 있다는 동질적인 표시가 된다. 이러면 처방을 하지도 않았는데 그 의사는 명의가 된다. 정말 놀라운 일이다.

표정은 사실 자연스러운 감정 표현이지만, 의사에게는 연습해야 할 숙제다. 왜냐하면 일상에서 친구의 이야기를 들었다면 당연히 표정이 그 감정과 동일시되겠지만, 매일매일 수십 명이 같은 병을 이야기한다면 그 질환의 고통을 매번 공감해줄 수 있을까? 이건 의사가 아닌 사람들은 이해하기 힘들 것이다. 하지만 그 환자 입장에서 생각해보면 자신의 고통을 알아주길 바란다. 그래서 의사는 표정을 연습해야 한다. 환자들의 아무리 사소한 질병, 고통이라 할지라도 같이 아픈 표정을 지어주며 불편하셨겠다고, 이렇게 하면 괜찮아질 거라고 말해주어야 한다. 명심하라. 바로 그 의사의 표정이 치료이자 입소문이다.

3. 몸의 각도를 튼다

시선을 마주치고 표정까지 갖췄다면 사실 몸의 각도를 트는 것도 당연히 하고 있을 것이다. 그렇지만 실제로 모니터를 향해 앉은 채로 목이나 상체만 돌린 다음 환자의 이야기를 듣는 의사들이 생각보다 많다. 하지만 진짜 환자의 이야기를 들어주는 자세는 의자의 방향을 바꿔 환자의 방향으로 몸까지 돌려야 한다.

그리고 또 하나의 몸의 각도가 있다. 바로 상체를 환자 쪽으로 살짝 기울이는 것이다. 경청할 때 상체를 살짝 기울이며 상대 쪽으로 가까이 가는 것은 최고의 경청 태도 중 하나로 뽑힌다. 많이도 필요 없다. 그냥 상체를 약 5㎝ 정도 앞으로 가까이 간다는 느낌으로 살짝 밀어보라. 환자는 그 순간에 의사가 내 말을 전적으로 들어주고 있다는 느낌을 받는다. 주의할 점은 의사가 말을 할 때가 아닌, 환자가 말을 할 때 앞으로 가는 자세를 취해야 해야 한다. 내가 말할 때 가까이 가서 말하는 것은 오히려 부담을 느끼게 한다.

7년 전, 문지방에 발가락을 엄청나게 세게 부딪치는 바람에 네 번째 발가락이 골절됐다. 3곳의 정형외과에 갔는데 전부 수술을 하고 철심을 박아야 한다고 했다. 그렇지 않으면 발가락을 움직일 수 없다고. 그런데 마지막으로 가본 곳에서 의사가 정말 호탕하게 웃으면서 말했다.

"하하하! 평생 네 번째 발가락을 움직일 일이 몇 번이나 있다고 (호탕하게 웃으면서) 상관없어요. 그냥 깁스만 해도 됩니다."

나는 이 병원에서 깁스만 했다. 잘 생각해보라. 만약 원장님이 이렇게 호탕하게 웃으면서 말하지 않고, 그냥 무표정으로 "그냥 깁스만 해도 될 것 같네요"라고 말했다면 나는 이전 병원에 가서 철심을 박았을 것 같다. 같은 말도 표정과 태도에 따라서 달라진다. 의사는 환자의 불안한 마음을 누그러뜨려 주어야 한다.

비언어적 커뮤니케이션은 의사가 말을 할 때와 환자의 말을 들을 때 모두 적용이 된다. 그래서 더 중요하다. 어쩌면 환자가 말을 할 때 더 중요해진다. 잘 듣는 의사가 더 잘 치료할 수 있다. 심지어 의사는 듣기만 잘해도 환자를 낫게 하는 놀라운 능력을 갖출 수 있다. 앞서 말한 3가지는 굉장히 단순하지만, 자신의 진료 태도를 꼭 돌아봐야 하는 가장 중요한 비언어적 커뮤니케이션이다.

✚ 플러스 팁 ✚

오랫동안 내가 소속되어 공부하고 있는 비와이즈 컴퍼니(Bewise Company)는 국내 5대 병원 및 유수의 대학병원의 의사 진료 코칭을 하고 있다. 환자의 동의를 받고, 2시간 동안 진료 면담을 영상으로 촬영하고 그 영상을 분석해서 코칭하는 것이다.

환자경험평가가 점점 확대되면서 더 많은 병원에서 코칭 의뢰가 들어오고 있다. 나는 동네 의원 원장님도 이 진료 코칭을 꼭 한 번쯤은 받아보셨으면 좋겠다.

언어적
진료 커뮤니케이션 스킬

[비밀 8]

미국 미시간주 보건기관(Maintenance Oranization : HMO)에서 의료 서비스에 대한 불만 의견 1,000개를 분석한 결과, 90% 이상이 커뮤니케이션의 문제 때문으로 나타났다. 의료서비스는 특성상 서비스의 결과(치료 효과)가 즉각 나타나는 경우가 드물다. 그래서 환자들은 의료 서비스에 대한 평가를 치료 결과보다는 그 이외의 것들, 의사의 커뮤니케이션에 의존해 판단하게 된다.

기본 베이스(발음, 속도, 억양, 톤)

발음

발음은 말에 있어서 가장 중요한 첫 번째다. 혹시 진료를 보거나 지인과 대화할 때 상대가 못 알아듣고 되물어본 경험이 있다면, 꼭 발음 연습을 해야 한다. 연습 방법은 생각보다 간단하다. 자신이 좋아하는 책을 한 권 선정한 후, 아주 천천히 또박또박 소리 내어 읽어라. 꼭 소리 내서 읽어야 한다. 소리 내서 읽지 않으면 아무런 소용이 없다. 입을 크게 벌리지 않고 말하는 사람이 생각보다 많다. 입을 벌리지 않고 말하면 말이 뭉개질 수밖에 없다. 그러니 입을 크게 벌리고 지나치다 싶을 정도로 발음에 신경 쓰며 또박또박 읽어보라. 책한 권을 다 읽고 나면 놀라울 정도로 발음이 좋아질 것이다.

속도

말의 속도도 중요하다. 진료는 독백이 아니다. 상대방이 알아듣기 가장 좋은 속도로 말을 해줘야 한다. 상대가 가장 듣기 편안한 속도는 1분에 100단어, 약 270자 정도를 말하는 속도다. 말하는 속도 연습도 간단하다. 발음과 함께 연습해도 좋다. 먼저 인터넷 뉴스에 접속해 마음에 드는 기사를 하나 클릭한다. 스마트폰의 스톱워치를 켜고 1분 동안 뉴스 기사를 옆 환자에게 읽어준다고 생각하고 내가 말하는 속도로 말해보라. 1분이 되었을 때 그때까지 읽은 기사를 네이버에 '글자 수 세기'라고 검색한 뒤, 그곳에 복사해서 몇 자를 말했는지 체크해보라. 270자가 넘었다면 굉장히 빠르게 말하고 있는 것이다. 말의 속도를 측정한 뒤, 1분에 100단어, 270자 정도로 말할 수 있도록 여러 글을 시간을 재며 읽어보라.

자신의 말 속도가 어느 정도인지 알고 난 뒤에는 진료에도 적용해야 한다. 원장님들 중에서 자신이 주로 보는 질환 과목들에서 환자들에게 꼭 해줘야 하는 내용을 글로 정리해놓은 사람은 거의 없다. 지금까지 딱 2명 봤다. 한번 해보시라.

주로 보는 질환별로 꼭 환자들에게 전해주고 싶은 내용을 글로 정리해보라. 그리고 그것을 1분에 100단어 속도로 말하는 연습을 하면 된다. 같은 내용을 계속해서 연습하다 보면 내용도 숙지될 뿐만 아니라 일정한 속도가 어느 정도 인지 몸에 익게 되어 비슷한 내용을 말할 때 같은 속도가 나오게 된다(만약 그 내용이 꽤 많다면, 그 글들로 블로그를 운영하시라. 말하는 속도 연습한다 생각하고 영상으로 찍어서 유튜브에 올려도 좋다. 굳이 편집에 공을 들이지 않아도 된다. 일단 시도해보시라. 새로운 전환점이 될 수도 있다).

설명하기가 귀찮아질 때 말의 속도는 빨라진다. 하루에도 같은 내용을 계속 설명해야 하는 의사나 직원들은 자신은 너무나도 잘 알고 있기 때문에 말이 점점 빨라지고 짧아진다. 하지만 환자는 전혀 알지 못하는 내용이기 때문에 한 번에 잘 들리지 않는다. 그렇다고 다시 한번 말해 달라는 말도 잘하지 못한다. 의사는 환자가 말을 못 한다는 것을 기억하고 한 번에 이해할 수 있도록 잘 설명해줘야 한다.

크기

목소리의 크기도 중요하다. 단순히 크기라고 말하기보다는 톤과 억양이라고 말하는 것이 더 좋을 것 같다. 목소리가 너무 작거나 너무 큰, 또는 사투리가 심하거나 쏘아붙이는 듯한 억양을 가진 원장님들도 많이 있다. 일단, 목소리가 너무 작거나 끝을 흐린다면 못 알아듣는 환자가 정말 많아진다. 대체로 이런 분들은 앞서 말했던 자세가 환자를 향하지 않고 모니터를 향하고 있는 분들이 많다. 그러면 보통의 목소리라 할지라도 목소리의 방향이 다르기 때문에 잘 들리지 않는다. 또한 끝을 흐리는 분들이 있는데, 이런 분들은 의사 말의 권위감과 에너지를 상쇄시키는 매우 좋지 않은 습관이다.

반면 목소리가 지나치게 큰 원장님들도 있는데, 대체로 목소리가 큰 것은 문제가 되지 않는다. 하지만 주의사항이나 행동지침을 알려줄 때 너무 목소리가 크다면 그의 맞는 표정도 꼭 맞춰 줘야 한다. 그렇지 않으면 환자는 항상 혼나는 듯한 느낌을 받게 된다.

나는 할아버지를 모시고 정기적으로 K대학병원에 간다. 그 대학병원의 비뇨의학과 교수님은 굉장히 독특한 말 습관이 하나 있다. 환자들에게 말 한마디를 하고 "예?"라는 말을 쏘아붙이듯 하는 것이다. 아마 환자들이 잘 알아들었는지 확인하던 습관이 점점 강세가 붙어서 문장 끝마다 "예?" 하게 된 것 같다. 나는 보호자로 간 것이지 교수님에게 의료 커뮤니케이션 교육을 하러 간 것은 아니기에 1년 이상을 그냥 지켜만 봤다. 그런데 어느 날 너무너무 말씀드리고 싶었다. 그래서 조심스럽게 말씀드렸다.

"교수님, 사실 저는 의료 커뮤니케이션 강사입니다. 원장님께서 진료 때마다 친절하고 자세하게 설명해주시는 것 정말 좋게 생각하고 있습니다. 그런데 원장님께서는 의식하지 못하시는 좋지 않은 말의 습관이 있습니다. 그것만 하지 않으신다면, 환자분들의 만족도가 훨씬 올라갈 것으로 생각됩니다. 그게 무엇인지는 제가 딱 말씀드리기

보다는 한번 '이 방법'을 써 보시면 스스로 아실 거로 생각합니다."

말의 톤과 억양 그리고 잘못된 습관을 고치는 아주 좋은 방법이
있다. 그것은 '진료 스킬을 획기적으로 늘리는 방법'에서 알려드리
겠다. 단순히 말의 발음이나 속도, 억양도 중요하지만 어떤 단어, 어
떤 용어, 어떤 문장을 말하는지, 즉 말하는 내용도 중요하다.

용어 선택

재작년, 한 메이저신문사에서 투자 설명회를 개최한다고 해서 한
번 가본 적이 있다. 그런데 2번째 연사로 나온 한 애널리스트는 기
술주에 투자라고 하면서 여러 회사의 핵심 기술에 관해서 설명해주
는데, 너무 화가 났다. 처음 듣는 기술에 대한 전문용어들을 아무렇
지 않게 그냥 말하고 있었다. 주위를 돌아보니 나뿐만 아니고 주변
의 여러 사람이 그냥 그렇구나 하면서 고개를 끄덕이고 있는 것 같
았다.

환자에게 잘 설명해준다는 말 속에는 전문용어를 쓰지 않는다는
것이 바탕이 된다. TV에서 명강사라고 하는 강사들의 이야기를 잘
들어보자. 그들은 2가지 특징을 가지고 있다. 하나는 스토리가 재미
있다는 것이고, 다른 하나는 용어가 쉽다는 것이다. 어려운 용어는
반드시 풀어주면서 이야기를 한다. '듣는 모든 사람이 알고 있겠지?'
라고 생각하는 건 없다. 무조건 용어를 풀어준다. 의사도 마찬가지
다. '설마 이것쯤은?'이라고 생각하는 정맥주사, 내복약, 용종, 폴립,

선종, 부비동염, 진정, 양성, 음성, 식전, 식후 등도 모르는 사람이 있다. 식전, 식후라는 말을 모르는 사람이 있다고 생각해본 적이 있는가? 실제로 모르는 사람이 있다.

애매한 단어 사용도 줄여보자. 병원만큼 정확한 판단을 원하는 고객층이 있는 업종도 드물다. 하지만 반면 병원만큼 정확한 진단이 난해한 업종도 없다. 이 절충안을 내기 위해서는 최대한 구체적으로 말해야 한다. 앞에서 내가 주로 진료 항목에서 꼭 해주고 싶은 내용을 적어보라고 했다. 기억하는가? 그러면 적은 그 글을 보면서 체크해보라. 그 글 속에 얼마나 많은 '의학용어'와 정확하지 않은 '모호한 말'이 많은지 말이다. 심지어 일상에서 많이 쓰는 많은, 어느 정도, 보통, 꽤, 별로 없다 등의 말들도 모호하다는 생각이 들게 된다. 그러니 이러한 말들도 최대한 구체적으로 말해야 한다. 적다, 많다가 아니라 10명 중 8명 이상은, 100명 중 1명 정도 하루에 5번 정도 이런 식으로 바꿀 수 있다면 바꾸는 것이 좋다. 환자들은 진료를 보고 난 뒤 원장님에게 구체적인 지침을 받았을 때, 명의라고 생각한다. 원장님 속으로는 생각하고 있는 객관적인 수치가 있을 것이다. 그러니 "조금만 더 치료받으면 됩니다"라는 말을 "앞으로 3번만 더 치료받아봅시다"라고 말하자. "많이 드시면 안 됩니다"라는 말도 "한 끼에 식당 밥공기로 절반 이상을 드시면 안 됩니다" 등으로 구체적으로 표현해주어야 한다.

화법

화법은 대화의 법칙이라고 생각하면 된다. 화법에는 종류가 수십 가지는 될 것이다. 하지만 그중에서도 진료실에서 쓰면 정말 효과적인 화법 2가지만 전해드리려고 한다. 이 화법들만 잘 구사해도 환자들에게 편안하고 신뢰감 있는 의사의 언어를 만들 수 있다.

첫 번째는 I 화법이다. '나 화법'이라고 할 수 있다.

의사들은 대체로 명령조로 이야기를 한다. "이거 하세요." "그건 안 됩니다." "이렇게 하셔야 합니다." 이런 식으로 말이다. 이렇게 명령조로 말해야만 권위가 산다고 말하는 사람도 있다. 하지만 같은 말이라도 이것을 명령이 아닌 '내 느낌'과 '내 생각'을 전하는 말로 바꾸면 환자로서는 더 마음이 가게 된다.

예를 들어,
"하루에 30분 이상 운동하세요"
"어려우시겠지만, 하루에 30분 이상 운동하셔야 합니다."
"○○○님께서 하루에 30분 이상 운동하셔서 건강을 찾으셨으면 좋겠습니다."

어떤 것이 가장 와 닿을까?

보통의 의사들은 "하루에 30분 이상 운동하세요"라고 말한다. 그리고 기본적으로 배려가 몸에 밴 원장님은 '어려우시겠지만, 불편하시겠지만, 힘드시겠지만' 등의 쿠션 언어를 써서 환자가 지키기 힘든 일들을 말할 때 저렇게 완충 작용을 시켜준다.

하지만 진짜 고수 원장들은 그렇게 하지 않는다. 환자에게 메시지를 전달하면서도 '나는 당신을 생각하는 마음이 있다.' '내 마음을 알아준다면 이것을 꼭 해달라'라고 말을 전한다. 가장 임팩트가 큰 것은 바로 세 번째이다.

"당신이 30분 운동을 해서 건강을 찾으셨으면 좋겠습니다."

두 번째는 Yes, But 화법이다.

환자는 의사가 자신의 상황과 의견을 공감해주길 원한다. 그래서 이 화법의 'Yes'는 인정이라고 할 수도 있고, 공감이라고도 할 수 있다. 환자가 무엇을 말했을 때, 인정해주고 공감해준 뒤, 의사가 하고 싶은 말을 하는 화법이다.

(환자 의견) 3일이면 보통 괜찮아진다고 알고 있는데 왜 그대로죠?
(Yes) 많이 불편하셨죠? / 맞습니다. 대개 3일이면 아주 괜찮아집니다.

(But) 하지만 증상이 일주일에서 길게는 한 달까지도 지속될 수 있습니다.

환자들의 말을 인정해주면 의사의 말에 권위가 떨어진다고 생각하는 원장님들이 있다. 하지만 그것은 완전히 잘못된 생각이다. 오히려 환자의 말을 잘 들어주고 인정해준 뒤, 의사가 알고 있는 정확한 지식을 전달해줬을 때 의사의 말에 권위가 더 살아난다. 실제로 환자들의 진료 면담 불만 순위 상위에는 환자의 말을 들어주지 않는 의사, 환자가 말하는 것을 무시하는 의사, 권위적인 말투로 말하는 의사가 항상 나온다.

일반적으로 환자들은 의사라는 자체에 권위감을 느낀다. 권위라는 것은 누군가를 따르게 하는 힘을 말하는 게 아닌가? 모든 환자는 의사의 말을 듣고 따를 준비가 되어 있다. 하지만 세상의 모든 것이 그렇듯, 예상한 그대로의 모습을 너무 강하게 보여주면 역효과가 난다. 너무 권위적이거나, 환자들의 말을 들어주지 않고, 무시하는 의사의 말은 듣기 싫어지는 것이다. 반대로 오히려 의사가 인간적으로 다가오거나 자신의 상황을 공감해주는 모습을 보면 더 호감을 느끼고 그로 인해 의사의 말을 더 따르고 싶어지는 권위감이 더 생기는 것이다.

환자들이 무슨 말을 할 때 잘 들어줘라. 그리고 잘못된 말을 할지라도 공감을 해줘라. 어쩌면 뻔한 이야기지만, 이것이 핵심이다.

꼭 기억해야 할
진료 면담 상황 5가지

이번에는 어떻게 진료 면담해야 할지 고민되는 5가지 상황을 놓고 모범답안을 제시해드릴까 한다. 이 상황을 바탕으로 다른 여러 상황으로 파생시켜 생각해보시면 좋을 것 같다.

그 전에 진료 면담에 있어서 '원칙'이 있는지 묻고 싶다. 세상의 모든 일은 원칙이 없으면 상황에 흔들리게 되어 있다. 그와 반대로 원칙이 있으면 처음 겪는 상황이 생기더라도 상황에 휩쓸리지 않고 원만히 해결할 수 있다. 진료 면담도 마찬가지다. 다양한 환자와 대면 상황 속에서 늘 같은 결과를 낼 수 있는 것은 원칙이 있어야만 가능하다. 그래서 진료에는 원칙이 있어야 한다. 원장님마다 조금씩 다른 원칙들을 추가할 수 있겠지만, 다음의 4가지는 모든 진료 면담에 핵심을 담고 있는 원칙이다. 반드시 기억하자.

| 진료의 원칙 |

정확한 진단을 위한 행동이다.

최선의 결과를 위한 행동이다.

환자를 차별하지 않는다.

솔직하게 말한다.

모든 진료 면담상황에 이 4개의 원칙을 지키면 된다.

이 원칙을 바탕으로 병원에서 생길 수 있는 5가지 면담상황을 한 번 보겠다.

보호자가 말이 많은 경우

치료 결과에 확답을 요구하는 경우

의사가 잘못된 진단을 했을 경우

소개로 왔다는 환자가 무리한 부탁을 할 경우

잘못된 의학적 정보를 의사에게 계속 설명하는 경우

1. 보호자가 말을 많이 하는 경우

원칙 : 공감 + 정확한 진단을 위한 행동이다.

보호자가 같이 진료실에 들어와서 환자보다 말이 많은 경우는 정말 흔하다. 물론, 환자가 자신의 의견을 말하기 어려운 상황이라면 이해되지만, 환자 스스로 충분히 말할 수 있는 상황이라면 환자를 통해 면담하는 것이 더 중요하다. 그래서 보호자에게 정확한 진료를 위해서는 환자와 대화하고 싶다는 말을 해주고 환자와의 대화를 이어가는 것이 필요하다.

모범답변

"○○ 보호자님, 환자분만큼 걱정되고 궁금하신 점들이 많이 있다는 것 충분히 이해가 됩니다. 그렇지만, 더 정확하고 최적의 진료를 위해서 환자분과 이야기를 더 나누고 싶습니다. 잠시 뒤에 말씀하실 시간을 드릴 테니 지금은 잠깐 제가 환자분과 대화할 수 있도록 기다려 주시겠습니까?"

2. 치료 결과에 확답을 요구하는 경우
원칙 : 공감 + 최선의 결과를 위한 행동이다.

의사는 치료 결과에 대해서 확답을 하면 안 된다. 아무리 완벽한 치료법이라 할지라도 만의 하나의 실수나 부작용에 따른 책임까지 의사가 떠안으면 안 된다. 의사가 환자에게 해줄 수 있는 가장 이상적인 말은 '최선을 다하겠다'라는 말이다. 의사가 최선을 다하겠다는 말보다 더 좋은 대답이 있을까?

모범답변

"○○님, 치료 결과에 대해서 확답을 듣고 싶은 마음은 저도 백번 이해됩니다(만약 경험이 있다면 경험을 살짝 넣어주시면 좋다). 이 치료는 ○○님에게 필요한 치료이며, 성공 확률이 상당히 높은 치료법입니다. 말씀하신 것을 기억하면서 더 최선을 다해 치료(시술, 수술)하겠습니다."

3. 진단에 있어서 실수했을 경우

원칙 : 차별 없는 보편적인 치료다. + 안심해도 된다.

환자의 증상만으로 질병을 파악해야 하는 경우가 있다. 검사결과를 확인하기 전의 치료나 검사 없이 치료하다가 호전이 없는 경우, 진단과 실제 질병이 다를 수가 있다. 이럴 때는 '보편적인 치료'라는 것을 잘 설명해주어야 한다. 추가로 환자는 자신이 다른 질병의 치료를 받은 것이 오히려 건강에 좋지 않은 부작용이 있는 건 아닌지 걱정을 한다. 그러니 그 부분도 설명해주면 좋다.

모범답변

"○○님, 복통은 다양한 원인에 의해서 발생합니다. 그래서 아주 긴급한 상황이 아니라면, 검사결과가 나오기 전에는 증상에 최대한 근접한 진단과 치료를 하게 됩니다. (최선의 치료) 저는 ○○님의 복통의 증상이 ○○질병이라고 판단하고 치료를 했는데, 검사결과를 보니 ○○이 더 정확한 진단인 것 같습니다. 실제 치료에서 자주 있는 일이며, 복용하신 약제가 건강에 좋지 않거나 질환을 악화시키지 않으니 걱정 안 하셔도 됩니다. 더욱 정확한 진단을 했으니 더 최선의 치료가 되도록 하겠습니다."

＊ ＊ ＊

진단의 실수를 인정하지 않되, 너무 당연하다는 표정은 하지 않는 게 좋다. 그리고 너무 다양한 진단이 가능한 질환은 섣불리 진단하지 않는 것이 좋다.

4. 소개로 왔다는 환자가 무리한 부탁을 할 경우
원칙 : 환자를 차별하지 않는다.

소개 고객은 비급여 진료과에서는 너무나도 흔한 일이고, 급여과 의원에서도 자주 있는 일이다. 지인에게 치료를 잘한다는 소개를 받고 왔다면 이렇게 말해보자.

모범답안

"(반갑게 인사) ○○님, 통해서 오셨군요? 감사합니다.

(여기서 소개 지인에 대한 안부를 물어보면 좋음)

소개로 오신만큼 더 최선을 다해 진료해드리겠습니다."

어디가 불편하신가요?

* * *

대놓고 비용할인에 대해 언급을 하는 소개 고객에게는 병원에서 정한 비급여 할인 룰이 있다면 그것을 동등하게 적용하면 된다. 그리고 그 룰을 넘어선 무리한 요구나 부탁이 있을 때는, 더 최선을 다해 진료해드리겠다고 말하는 것 외의 다른 차등을 주면 안 된다. 개개인의 요구 사항을 다르게 적용하면 결과적으로 병원의 이미지가 나빠진다.

5. 잘못된 의학적 정보를 의사에게 계속 설명하는 경우
원칙 : 인정과 칭찬 + 최적의 치료

환자가 의사에게 의학적 설명을 하면 의사 중에는 굉장히 기분 나빠하는 경우가 많다. 하지만 말하는 환자는 어떤 생각으로 말하는 것일까? 자신의 지식수준을 알아달라는 것이다. 내가 의사보다 훨씬 낮다고 말하는 것이 아니다. 그럼 의사는 그 노력을 칭찬해주면 된다. 설사 그것이 틀린 정보라고 할지라도 말이다.

모범답안
"○○님, 이렇게 열심히 공부하시는 모습이 대단하신 것 같습니다. (칭찬) 말씀하시는 내용이 어떤 부분에서는 또는 어떤 환자의 유형에서는 인정되는 부분이 있을 것 같습니다. (인정)
하지만, 저는 의학과 통계학적으로 최적의 치료법이라고 밝혀진 치료만을 할 수밖에 없습니다. ○○님께서 그러한 민간요법이나 다른 정보들을 공부하시는 건 정말 좋지만, 제가 권해드리는 치료법은 ○○님에게 꼭 필요한 치료법입니다. 저의 진료 방침을 먼저 따라와 주실 수 있으시지요?"

* * *

환자의 노력을 칭찬하고 인정해주면 오히려 충성고객이 된다. 환자의 의견을 반박하고 의사가 딱 자신의 의견을 말해야 권위가 산다는 것은 착각이다. 특히 생명에 직결되는 질병이 아닌, 일반 만성질환 같은 경우에는 이것이 더 적용된다. 그러니 환자들이 자신의 질병에 대해 고민하고 알아 온 정보를 단번에 무시하지 말자. 그리고 환자의 의견을 인정해주고 의사의 의견을 말할 때는 반드시 의학적 근거를 논리적으로 말하며, 최적의 치료라는 것을 말해야 한다.

이 5가지 면담상황 외에도 진료실에서는 정말 다양한 상황들이 펼쳐진다. 다음의 상황들을 보면서 진료의 원칙을 가지고 어떻게 대답하고 행동하는지 스스로 생각해봐도 좋을 것 같다.

진료실에서는 일어나는 상황들
- 질문에 대한 답을 모호하게 대답하거나 횡설수설하는 경우
- 질문에 대해 뻔한 거짓으로 대답하는 경우
- 보호자가 환자의 병명 증세를 환자에게 비밀로 해달라는 경우
- 막무가내로 약 이름을 보여주며 같은 약을 처방해달라고 하는

경우

- 약을 복용하지 않는다거나 치료 일정을 따라오지 않는 경우

- 환자가 타 병원 의사를 험담하는 경우

- 너무 부담되는 선물을 주는 경우

- 환자가 말이 너무 많은 경우, 어떻게 끊을 것인가?

- 심한 병이 발견되었을 때, 환자에게 해줄 수 있는 말은?

- 치료 의지가 없는 환자는 어떻게 끌고 가야 하나?

- 보호자와 환자의 의견이 다를 경우에 누구에게 맞춰야 하는가?

- 의사가 여자라고 또는 나이가 어리다고 무시하는 경우, 어떻게 해야 하나?

- 말투나 언어 사용을 너무 기분 나쁘게 하는 경우, 어떻게 대응해야 할까?

- 민감한 질문을 할 때 환자들이 거부감 느끼지 않게 하는 방법은 무엇일까?

진료 스킬을
획기적으로 늘리는 방법

앞에서 K대학병원 비뇨의학과 교수님에게 말했던 그 방법은 바로 녹음해서 들어보시라고 한 것이다. 그 교수님은 세미나 강의는 해보셨겠지만, 환자와의 진료 면담을 녹음해서 들어보신 적은 없으셨다. 3개월 뒤 다시 병원에 갔을 때, 교수님은 굉장히 고마워하셨다. 그리고 자신이 그렇게 말하는 것을 알고는 있었는데, 녹음해서 들어보니 굉장히 기분 나쁘게 들릴 수 있겠다는 생각이 들었다고 했다.

노래 실력을 향상하는 최고의 방법은 녹음해서 들어보는 것이다. 자신의 노래를 직접 녹음해서 들어보면 전혀 모르고 있던 자신의 잘못된 발성이나 습관 등을 금세 파악할 수 있다. 뿐만 아니라 골프, 복싱, 농구 등 분야와 종목을 가리지 않고 모든 운동도 실력을 향상시키고 싶다면 반드시 운동하는 내 모습을 녹화해서 봐야 한다. 진료 커뮤니케이션 스킬도 마찬가지다. 내가 진료 면담을 어떻게 하고 있는지, 면담 시 나도 모르게 습관적으로 하는 말은 없는지, 억양이나 톤과 빠르기는 어떠한지를 알기 위해서는 반드시 녹음해서 들어봐야 한다. 개인정보보호법에 저촉되는 행위를 하라는 것이 아니다. 더 좋은 진료를 만들기 위해서 녹음해서 직접 들어보라는 것이다. 하지만 만나본 수많은 원장님 중에서 직접 녹음해서 들어봤다는 원장님은 지금까지 10명을 채 만나보지 못했다. 왜 직접 녹음해서 들어보지 않은 것일까? 녹음하면 제삼자 입장에서 내 진료 내용을 객관적으로 들을 수 있다. 정말 깜짝 놀라면서 "내가 정말 이렇게 말한단 말인가?" 이런 생각이 들 것이다.

수년, 수십 년 동안 매일매일 환자들을 진료해 오신 원장님들은 사실상 커뮤니케이션 전문가라고 해도 과언이 아니다. 그래서 다른 의사들의 녹음을 들려주면 무엇이 문제인지 어떤 점을 수정해야 할지 금방 판단할 수 있다. 하지만 정작 자신의 모습은 알지 못한다. 제삼자의 처지에서 본 적이 없기 때문이다. 녹음해서 들어보는 것만으로도 자신의 잘못된 습관 등을 알 수 있다. 녹화가 더 좋긴 하지만, 처음 해볼 때는 녹화보다는 녹음을 추천한다. 왜냐하면 화면에 내 모습이 나오면 말보다는 행동이 더 먼저 보인다. 그렇기 때문에 녹음으로 잘못된 언어적 습관부터 수정하고 난 뒤, 녹화해서 행동을 수정하는 것이 좋다. 그러니 지금 당장 휴대전화를 켜서 책상 한쪽에 두고 다음 환자부터 녹음을 해보라. 정말 쉽지 않은가?

효과적인 언어 전달 연습

실제 진료 면담을 녹음해서 본인의 목소리를 들으며 굉장히 어색할 것이다. 그리고 그 단계를 넘어가면, 이제 본인의 화법을 비롯한 여러 언어적 습관들이 들리기 시작한다. "음…." "어…." "글쎄요?" "네?" 이러한 말들을 자주 하기도 하고, 키보드를 두들기는 소리나 숨소리가 지나치게 크게 들리는 원장님들도 있다. 그러면 의도적으로 이러한 언어적 습관을 하지 않도록 실전에서 적용해야 한다. 의식적으로 생각하며 이 습관을 고치려고 하면 금방 좋아지는 것을 볼 수 있다. 그리고 이런 습관들을 수정함과 동시에 연습해야 할 것이 있는데, 그것은 말의 기본이 되는 속도와 발음 연습이다.

"아니 지금 개원한 지 몇 년이 지났는데, 이제 와서 말의 속도와 발음 연습을 하라고?" 이렇게 콧방귀 뀔 수도 있다. 하지만 진료는 엄연히 업무다. 친구나 가족과 이야기하듯 진료를 보는 것이 편하긴 하겠지만, 본인의 업무를 잘하기 위해서는 업무에 최적화된 목소리로 훈련되어야 한다. 실제로 최근 젊은 의사 중에서는 보이스 트레이닝을 받는 의사가 생각보다 많다고 한다. 온종일 환자들에게 말을 해야 하는 직업 특성상 더 정확하게 전달하고자 하는 의지가 담겨있는 행동이라고 생각한다.

발음, 속도, 톤과 관련한 언어적 베이스를 연습하기 위해서는 책 읽기 연습을 해야 한다. 어떤 글이든 좋다. 일단 본인이 좋아하는 글을 하나 선택한 후, 네이버에 '글자 수 세기'라고 검색해서 그 글이 몇 자인지를 본다. 270자가 되도록 글을 자른 뒤, 1분에 딱 맞춰서 그 글을 읽는다고 생각하며 읽어보라. 당연히 녹음한 뒤 직접 들어보라. 처음에는 시간 맞추기가 참 어렵다. 하지만 조금만 연습을 해보면 어느 정도 속도로 말을 해야 하는지 느낌이 올 것이다. 하루에 20분 정도만 투자해서 한 달만 연습하면 정말 매일 매일 달라지는 속도와 발음을 경험할 수 있을 것이다.

준비된 멘트를 정리하라

이제 마지막 훈련이다. 이미 앞에서도 한번 말했던 내용이긴 하다. 현재 급여 진료과에서 약 처방의 70% 이상이 묶음 코드로 나간다. 다시 말해 어느 정도 환자들이 정해져 있다는 것이다. 그리고 이 말은 원장님도 해야 할 말이 정해져 있다는 말로 이해할 수 있다. 환자마다 그때그때 해줄 말이 달라지긴 하겠지만, 전반적으로 원장님이 꼭 필요하다고 정해 놓은 말들이 있을 것이다. 그 말들을 정리하는 것이다.

인천의 L내과에 가면, 나는 기분이 항상 좋다. 원장님을 뵈려고 대기실에서 기다리다 보면 진료실 밖에까지 원장님의 목소리가 쩌렁쩌렁하게 들린다. 환자들에게 A부터 Z까지 모두 설명해주시는 듯이 친절하면서도 강력한 그 목소리는 굉장한 매력이 있다. 환자로서도 얼마나 좋을까 하는 생각이 든다. 어느 날 원장님께 여쭤봤다.

"원장님, 환자들에게 도대체 어떤 말들을 해주시는 거예요? 마치 준비된 말을 하시는 것처럼 아주 거침없이 말씀하시잖아요?"

"그럼! 맞아요! 나는 질병마다 환자들에게 꼭 해줘야 할 말들이 정해져 있어요. 환자들에게 해줘야 할 말들은 아주 눈 감고도 어떤 상황에서도 똑같이 해줄 수 있어요. 꼭 말해줘야 하는 것들이기 때문에, 세미나를 듣거나 책을 보면서 꼭 해줘야 할 말들이 늘어나면 환자들을 보는 시간도 조금씩 늘어나는 거예요. 그래서 지금은 처음 고혈압, 당뇨 진단받는 환자들은 굉장히 오랫동안 설명해주죠. 그리고 안 믿을지도 모르는데, 나는 환자들한테 해줄 말을 자기 전에 누워서 연습하기도 해요."

바로 이것이다.! 이 책을 보고 계신 모든 원장님도 환자들에게 꼭 해줘야 하는 말들이 있을 것이다. 그런데 이것을 정리해 본 적이 있는가? 어떤 상황에서든 토씨 하나 안 틀리고, 정확히 매번 전달해줄 수 있는가? 마지막 훈련은 이것이다. 우리 병원에 찾는 환자들에게 꼭 전해야 한다고 생각하는 내용을 노트에 정리하는 것이다. 이 내용은 조금씩 조금씩 분량이 늘어날 것이다. 그러면 더 중요한 내용을 남기고 덜 중요한 내용을 빼면서 더 퀄리티 있는 내용이 될 것이다. 그리고 이것을 1분에 270자 정도를 읽는다고 생각하고 읽기 연습을 하는 것이다. 환자에게 말해준다고 생각하고 녹음해서 들어보며 이 자료로 연습을 하는 것이다. 환자가 아침부터 저녁까지 단 한 타임도 비어 있지 않고 꽉 차 있다면, 솔직히 이 연습들을 안 해도 된다. 이미 연습을 뛰어넘을 정도로 어느 정도 수준이 완벽하다고 생각할 수 있다. 하지만, 그렇지 않고, 틈틈이 진료 공백이 생긴다면 이 연습들이 그 공백을 메워줄 핵심 무기가 될 수 있다. 연습 된 목소리로 영상을 찍어서 원내 홍보도 할 수 있고, 오픈 강의를 열 수도 있다. 만들어진 자료로 환자 교육 자료도 만들 수 있고, SNS를 운영할 수도 있다. 아무튼 일단은 연습이라 생각하고 만들어보라. 굉장한 자산이 될 것이다.

자! 훈련법 4가지를 알려드렸다. 요약하자면 간단하다.

1. 실제 본인의 진료 면담상황을 녹음해서 직접 들어보라. 직접 들어보면서 스스로 어떤 것을 고치면 좋을지 어떤 부분에서 강조하면 좋을지 얼마든지 판단이 가능해질 것이다.

2. 270자 정도 되는 책을 놓고 1분에 맞춰 읽는 연습해라. 수십 번 정도만 연습해도 어느 정도 속도인지 감이 올 것이다. 그러면 녹음을 들어보면서 발음이 뭉개거나 톤이 맞지 않는 곳을 찾아 수정하면서 계속 연습해보라. 가족에게 들려주면서 가장 괜찮은 상태가 될 때까지 연습한다. 생각보다 쉽게 연습이 될 것이다.

3. 본인의 진료 과목별로 꼭 해줘야 하는 말들을 정리하라. 면담 시 (특히 초진 환자) 녹음한 파일을 가지고 정리해도 좋다. 꼭

전달할 말들을 구어체로 정리한 뒤, 그것으로 2번의 연습 방법을 해봐라. 글자 수에 따라 270자를 1분으로 나눠서 이 속도로 어떻게 전하면 좋을지 연습해서 들어보라.

솔직히 2번, 3번은 굉장히 귀찮다. 2번처럼 시간을 재가면서 마음에도 없는 글을 반복해서 읽고 내가 잘 읽었는지 확인해 보는 것은 아나운서 취업 준비생들이나 하는 일 같이 느껴지기 때문이다. 3번은 더 귀찮다. 내가 맨날 하는 말을 왜 노트에 정리해야 하고, 그것을 힘들고 지치는 진료 공백 시간에 연습하고 있어야 한단 말인가? 사실 이렇게 생각하면 절대로 못 한다. 나는 1% 법칙을 믿는다. 실제로 어떤 실천 사항을 듣고 실행에 옮기는 사람은 단 1%밖에 되지 않는다는 법칙 말이다. 이 책을 읽은 원장님들 중에서도 실천해보는 원장님은 1% 정도밖에 되지 않을 것이다. 하지만 2, 3번까지는 좀 어렵다 할지라도, 1번은 정말 딱 한 번만이라도 해보는 것 어떨까? 굉장히 쉽지 않은가? 휴대전화 녹음기를 켜서 진료 책상 한쪽에 두고 나중에 들어보라. 단 한 번 들어보는 것만으로도 분명 깨닫는 것이 있을 것이다. 그리고 이것만으로도 진료의 퀄리티가 굉장히 높아질 것이라고 확신한다.

끌려다니는 의사,
끌어당기는 의사

얼마 전, 인천 연수구의 통증을 보는 S의원 대기실에서 있었던 일이다. 원장님을 만나려고 대기실에서 기다리는데, 원장님이 화장실을 가려고 진료실에서 나왔다. 그리고 이내 대기실에 앉아 있던 한 환자에게 다가가 손을 잡으며 "아이고! 따님 결혼식은 잘하셨죠?"라고 인사를 하는 것이다. 나는 그 모습이 어찌나 좋아 보이던지, 아마 대기실에 앉아 있는 다른 환자들도 나와 같은 걸 느끼지 않았을까 싶다. '이 원장님은 나의 개인사까지 기억해주는구나. 마치 나의 주치의 같다'라는 이런 마음 말이다.

대기실에서 기다리다 보면 잠시 볼 일이 있어서 진료실에서 나와 대기실을 지나가는 원장님을 볼 수 있다. 그런데 너무 안타까운 것은 10명의 원장님이면 8~9명의 원장님은 대기실에 앉아 있는 환자들에게 인사를 전혀 하지 않는다. 왜 그럴까? 의사들은 진료실에서 대기실로 나오기 전, 문밖을 나가면 환자들이 나를 쳐다볼 것이라는 무의식적 생각을 하게 된다. 그러면 신체가 먼저 경직되고 긴장되며 부자연스러운 모습이 연출된다. 하지만 애써 자연스러운 모습으로 걸어가야 하므로 환자들에게 인사를 하기보다는 시선을 어디에다 둬야 할지 모르는 상태로 목적지로 가게 된다. 하지만 아주 태연하고 자연스럽게 환자들에게 인사해보자. "안녕하세요. 잠시 화장실 좀 다녀오겠습니다." 이 친근한 인사 한마디가 의사에 대한 거리감을 낮춰 준다.

경기도 안산에 있는 K내과는 환자가 많다. 매일 140명 이상의 환자를 혼자 본다. 그중에 만성질환 환자들이 정말 많다. 하루는 원장님이 제약회사 세미나에서 환자한테 보여줄 자료를 받아왔다며, 내게 이런 말을 했다.

"이게 이번 세미나에서 받아온 자료인데, 우리 환자 중에서 당화혈색소는 8 이상인데, 식후 혈당은 항상 정상으로 나오는 환자가 몇 명 있거든, 여기서 나온 임상 디자인이 그분들이랑 너무 비슷해서 자료를 챙겨왔지. 그리고 SGLT-2I를 추가로 줬어." 생각해보라. 내가 그 환자라도 좋지 않겠는가? 담당 의사가 공부하다가 내 생각을 했고, 공부한 자료를 보여주면서 약제를 바꿔보자고 하는 모습을 말이다. 그런 의사를 신뢰하지 않는 환자가 어디 있을까? 주변에 비슷한 시기에 개원한 다른 내과들도 있는데, 왜 여기만 유독 만성질환 환자들이 많이 모일까? 거기에는 이런 이유가 있었다.

환자가 말을 많이 하게 하는 의사는
환자에게 끌려다니는 의사일까? 환자를 끌어당기는 의사일까?

자신이 말을 많이 하는 의사는
환자에게 끌려다니는 의사일까? 환자를 끌어당기는 의사일까?

많은 의사가 착각한다. 자신이 주저리주저리 이것저것 설명을 기가 막히게 했기 때문에 환자들을 끌어당기는 의사라는 착각 말이다. 물론 환자들이 가장 원하는 의사는 '친절하게 설명을 잘해주는 의사'이다. 하지만, 큰 전제를 놓치면 안 된다. 바로, 환자의 이야기를 듣고 난 뒤에 설명을 잘 해줘야 한다는 것이다. 환자들의 이야기를 다 듣고 거기에 맞춰서 설명을 잘해주는 의사. 환자들은 그런 의사를 원한다. 그럼 어떻게 해야 할까?

열린 질문을 하라.

환자는 병원 진료실에서 자신의 말을 하고 싶어 한다. 그러니 의사는 그 환자에게 말할 기회를 주라. 열린 질문을 하면 된다. 여기가 아픈가요? 아침 드셨나요? 운동하시나요? 이렇게 Yes 또는 No로 대답할 수 있는 질문을 닫힌 질문이라고 한다. 반면 여기가 어떻게 아픈가요? 아침을 잘 안 드시는 이유가 있나요? 어떤 운동은 얼마나 하시나요? 이렇게 환자가 자신의 이야기를 할 수 있도록 열어주는 질문을 열린 질문이라고 한다. 이런 질문을 환자들에게 하라. 질문에

Why(왜), How(어떻게), What(무슨)을 넣어 질문하면 된다.

환자의 말을 그냥 끊어버리지 마라.

바쁜 것은 인정한다. 환자들의 말을 한도 끝도 없이 들어줄 수 없다는 것도 알고 있다. 하지만 환자의 말을 듣지도 않으면서 "네~, 아! 네~" 이렇게 하면서 환자의 말을 그냥 끊어버리는 의사들이 얼마나 많은지 모른다. 내가 말을 하고 있는데, 상대가 말을 그냥 끊어버린다면 기분 나쁘지 않겠는가? 상대가 의사이기 때문에 환자는 표현하지 않고 있을 뿐인 것이다. 하지만 만약 자신이 이야기를 잘 들어주는 의사를 알게 된다면, 주치의를 당장 옮길 것이다.

공감과 인정을 해줘라.

앞서 언어적 진료 커뮤니케이션 스킬에서 'Yes, But~' 화법에 대해서 말했다. 환자들은 자신의 상황을 공감해주고 인정해주는 의사를 원한다. 단순히 원하고 좋아한다는 의미를 넘어 그런 의사의 말을 더 잘 따른다. 그러니 환자들의 말을 듣고 적극 공감과 인정을 해줘라. 설사 그것이 잘못된 지식이라 할지라도 그런 것을 공부하고 알아가려는 자세를 인정해줘라. 그리고 의사가 가지고 있는 정확한 지식을 전달해줘라. 그러면 그 환자는 의사의 말을 더 따르게 된다. 그리고 환자의 아픔과 상황을 공감해줘라. 그러면 진심으로 치료해주는 의사라는 느낌을 받는다.

"오른쪽 정강이에 금이 생겼네요. 깁스를 2주 정도 해야 할 것 같네요. 2주간 잘 착용해주세요."

"오른쪽 정강이에 금이 생겼습니다. 굉장히 아프셨겠는데요? 2주 정도는 깁스해야 할 것 같네요. 조금 불편하실 겁니다. 그래도 잘 붙게 해드릴 테니 2주간 불편해도 착용해주세요. "

분명히 같은 말이다. 강조한 글씨를 없애면 완전히 그냥 같은 말이다. 약간의 덧붙임이 있었을 뿐이다. 하지만 환자 입장에서 받아들이는 느낌은 완전히 다르다. 첫 번째는 본연의 역할을 다하는 의사지만, 두 번째는 나를 걱정해주는 의사가 된다. 환자가 병원을 이야기할 때, 첫 번째 의사에 대해서는 할 말이 없다. 엑스레이에서 정강이에 금이 간 걸 모르는 의사가 어디 있나? 하지만 두 번째 의사는 환자를 참 걱정해주는 의사라는 입소문을 낼 수 있다. 말 한마디로 그 차이를 만든다.

기억하고 존중해줘라.

마지막으로 모든 환자는 의사가 자신을 기억하고 존중해주길 원한다. 방법은 간단하다. 환자의 개인사와 관심사도 차트에 기록해놓자. 그리고 과거의 질병도 되묻자. 예전에 어깨를 다쳐서 왔던 환자가 이번에 다리가 아파서 내원했다면, 지난번 차트 기록을 보면서 어깨는 괜찮은지 물어보라. 과거의 기록을 되물어 주는 것만큼 자신을 기억한다고 느끼는 것도 없다. 환자들의 생일 근처에는 생일 잘 보내시라. 자녀의 수능을 앞두고는 고생하셨다는 말 한마디를 건네자. 의사의 이런 따뜻한 한마디가 환자에게는 굉장히 특별하고 존중받는 느낌을 받는다.

3장은 진료 커뮤니케이션에 관한 내용이었다. 내가 쓰고 몇 번을 읽었지만, 내용이 참 뻔하다. 아마도 이 책을 읽고 있는 의사들의 대부분은 다 아는 이야기라고 생각했을지도 모르겠다. 하지만 커뮤니케이션에서 대단히 특별한 스킬은 없다. 지켜야 할 기본만 있을 뿐이다. 앞서 말한 내용은 훌륭한 커뮤니케이션의 기본 중 기본이다. 아는 이야기라고 해서 지금 내가 실행하고 있다는 말은 아니다.

스스로 꼭 돌아보자.
그리고 적용해보자.

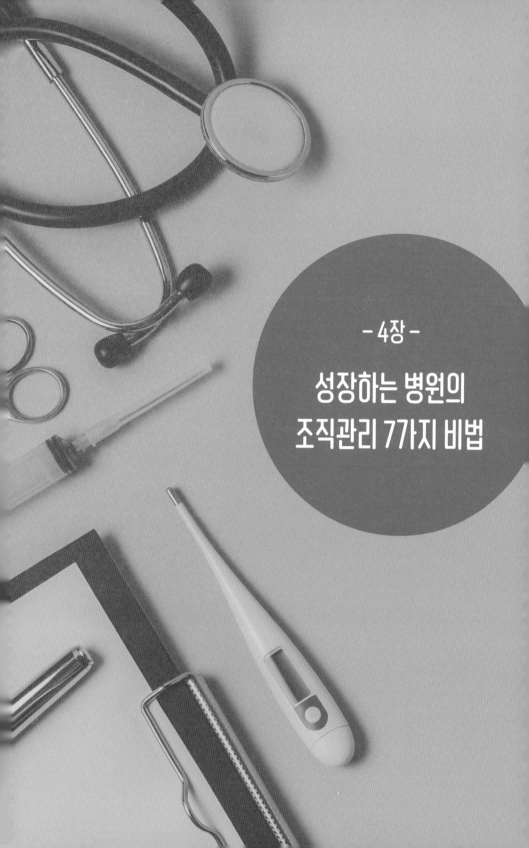

- 4장 -

성장하는 병원의
조직관리 77가지 비법

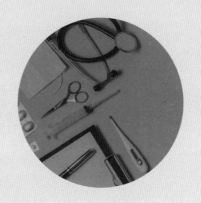

간호조무사의
현실을 인정하자

직원 관리의 정답은 무엇일까? 아니, 정답이 있기는 할까?

이번에는 조직문화의 핵심인 직원 관리에 대해서 이야기를 하려고 한다. 직원 문제로 고민하지 않는 병원은 없다. 이 고민은 병원이 문 닫는 날까지 계속된다. 규모의 크고 작고가 중요하지 않다. 직원이 2명인 동네 의원부터 직원이 5,000명인 대학병원까지, 직원에 대한 고민은 끝이 없다. 끝이 없다는 것은 다른 말로 정답이 없다는 것이다. 물리적인 문제면 고치면 해결이 되는데, 사람의 문제는 고칠 수가 없다. 사람은 개개인 모두 성향이 다르고 생각과 가치관이 다르기 때문이다. 그래서 딱 정해진 정답은 없다.

하지만 직원 관리의 모범답안은 있다. 바로 시스템과 매뉴얼이다. 시스템과 매뉴얼이란 병원에서 하는 모든 일을 객관화하고 서류화하는 것을 말한다. 일에 대한 업무시스템 이외에 채용시스템, 의사소통시스템, 교육시스템과 평가시스템도 포함된다. 그리고 이 시스템을 서류화해서 누구나 객관적으로 자신의 행동을 예측하고 평가할 수 있는 환경을 만드는 것 그것을 매뉴얼이라고 한다.

나는 지난 8년간 전 세계 130여 국가, 13만 명의 직원이 있는 다국적 제약회사에서 일했었다. 일하면서 가장 놀라웠던 사실은, 일하는 모든 것이 다 시스템과 매뉴얼화되어 있다는 것이었다. 작게는 법인카드 정산 과정을 동영상으로 하나하나 보면서 할 수 있었고, 크게는 고객을 만나서 어떻게 오프닝을 하고 어떻게 제품에 대한 특장점을 디테일하게 클로징을 하는지에 대한, 고객 만남의 플로어까지 다 매뉴얼화되어 있었다. 뿐만 아니라 회사에서 주어지는 혜택에 대한 매뉴얼을 매년 책자로 전해줬고, 월별로 이수해야 하는 교육도 미리 한 달 전부터 알람으로 놓치지 않게 하는 시스템도 갖춰져 있다. 사실 말을 다 하면 안 될 것 같아서 못하는 것이지, 정말 하나부터 열까지 모든 것을 시스템화, 매뉴얼화 해놓았다. 그렇게 해 놓아야 전 세계 13만 명의 직원이 같은 행동을 할 수 있을 것이다.

지역의 직원 2~5명의 동네 의원은 어떨까? 규모가 작기 때문에 시스템이나 매뉴얼은 필요가 없을까? 아니다. 오히려 더 필요하다. 왜냐하면 직원 한 명이 차지하는 역할의 비중이 더 크기 때문에 직원이 그만두거나 바뀌었을 때 업무의 공백이 생기거나 일의 방향성이 달라질 가능성이 크다. 그렇기 때문에 규모가 작으면 작을수록 더 시스템과 매뉴얼이 필요하다.

직원을 이해하고 있는가?

시스템을 잘 갖추기 위해서는 함께 일하는 사람들에 대한 이해가 먼저 되어야 한다. 그래야 시스템을 만들 수준과 방법을 결정할 수 있다. 직원이 3~5명인 동네 의원의 직원들은 대부분 간호조무사다. 다음은 간호조무사의 대표적인 특징들이다.

- 간호조무사는 대부분 여성이다.
- 간호조무사는 병원에서 일하지만 의료인은 아니다.
- 간호조무사는 사명감보다는 특별히 할 수 있는 것이 없어서 하게 된 경우가 많다(많은 간호조무사들에게 직접 들은 내용이다).
- 간호조무사는 의료기관의 근로자 중에서 급여가 가장 적다.
- 간호조무사는 상당수가 단순한 업무를 수행하는 육체노동자다.

이 특징들은 간호조무사를 이해하는 데 반드시 필요하다. 그렇다고 이 내용을 오해하면 안 된다. 어떤 원장님들은 이 말을 표면적으로만 받아들이고, 간호조무사를 적은 급여로 단순 업무를 하는 무슨 소모품 취급하듯 대하기도 한다. 하지만 병원에서 간호조무사의 역할은 대단히 중요하다. 동네 의원의 분위기를 만드는 것은 이들의 몫이며, 우리 병원의 좋고 나쁜 입소문의 시작도 역시 이들이다. 병원을 칭찬하는 직원 한 명은 병원을 성장시키는 열쇠가 된다.

직원을 어떤 존재로 생각하는가?

그럼 이 책을 읽는 원장님은 직원을 어떻게 생각하는가? 직원을 어떻게 생각하는지에 따라서 직원을 대하는 태도와 마음이 달라진다. 직원을 소모품처럼 생각하는 원장님과 파트너라고 생각하는 원장님의 직원에 대한 태도는 완전히 다를 것이다. 그럼 우리 병원에서 일하는 간호조무사 직원을 어떻게 생각해야 하는가?

1. 내부고객

'내부고객'은 직원의 존재에 대해 가장 이상적인 답변이다. '고객'은 사업을 하면서 가장 중요한 주체이다. 사업의 성패도 고객이 결정한다. 그러나 흔히 고객이라 하면, 우리의 상품이나 서비스를 구매하는 외부고객들만 생각한다. 하지만 직원들도 고객이라는 생각을 하고 있어야 한다. 사업의 성패를 결정할 수 있는 중요한 열쇠이자, 이곳이 마음에 들지 않으면 언제든지 떠날 수 있는 고객 말이다. 내부고객을 맞이한 사장 입장에서는 이 고객이 떠나지 않게 하려면 무엇을 할지 고민해야 한다.

원장님들 중에서 직원들을 가족처럼 생각하신다는 분들이 있다. 그런데 그분들에게 "그럼 월급은 얼마나 주시나요?"라고 물어보면 최저시급을 주고 있다. 참 아이러니하다. 가족처럼 생각한다면서 돈은 가장 조금 준다. 다시 말해 그냥 원장님의 욕심이다. 가족처럼 생각할 테니 '내 일'이라 생각하고 주인의식으로 일해달라는 말 아닌가? 주인이 아닌데 주인의식으로 일하길 바라는 것은 너무 지나친 욕심이다. 그냥 고객이라 생각하고 대하는 것이 가장 현명하다.

2. 육체노동자

간호조무사는 육체노동자다. 무시하는 말이 절대 아니다. 노동자를 2가지로 분류하면 육체노동자와 지식노동자로 구분할 수 있다. 육체노동자는 단순 업무를 하는 단순노동자고, 지식노동자는 발전적인 생각을 계속해야 하는 창조적 업무를 하는 노동자인 것이다. 병원에서 말하면 원장님은 지식노동자이며 직원들은 육체노동자다. 만약 원장님도 육체노동자가 된다면, 그 병원은 더 이상 성장이 없이 정체될 것이다. 지식노동자가 필요한 자리에서는 지식노동자의 역할을 해줘야 한다. 원장님 외에도 병원에서는 상담, 영업, 기획, 마케팅 파트에서는 지식노동자가 필요하다. 하지만 외래, 검사실, 행정실 같은 경우는 지식노동자보다는 일을 잘하는 육체노동자가 훨씬 중요하다. 동네 의원에서 간호조무사의 업무는 대체로 이 육체노동자의 업무들이다.

육체노동자와 지식노동자 중에 어떤 것이 더 중요하다를 말하려는 것이 아니다. 육체노동자는 단순 업무를 하게 되는데, 반드시 정해진 업무 매뉴얼이 있어야 한다는 것을 말하려고 한다. 그냥 간호조무사의 업무를 가르쳐주고 개인의 능력에 맡기는 것은 그들을 육체노동자라는 사실을 망각한 것이다.

육체노동을 가장 잘할 수 있게 하는 것은 매뉴얼의 수준에 달려있다. 그래서 병원에서는 쓸 수 있는 매뉴얼을 잘 만들어야 한다. 그래서 지식노동자인 원장님은 직원들이 잘 사용할 수 있는 매뉴얼을 어떻게 만들 것인지 고민해야 한다.

우리 병원에 딱 맞는
직원 채용하는 방법

누구를 어떻게 뽑을 것인가? 직원 관리는 직원을 뽑는 것부터 시작한다. 아무리 고객 응대 교육을 해도 밝은 성격과 배려심을 타고난 사람을 능가하기는 어렵다. 그래서 직원을 채용할 때부터 잘 뽑아야 한다. 하지만 간호조무사 채용 시장이 어떠한가? 대기업 공채 시장처럼 자소서, 면접 과외와 취업 스터디까지 하면서 들어가고 싶어 하는 사람들이 줄을 서는 시장이 아니다. 간호조무사가 원하면 갈 수 있는 병원이 넘쳐난다. 오히려 채용하는 병원이 을이 되는 채용 시장이다. 그럼 이런 상황에서 어떻게 좋은 직원을 찾아 채용할 수 있을까? 채용 프로세스에 따라 어떻게 하면 좋은 직원을 뽑을 가능성을 높일 수 있는지 알려드리겠다.

채용공고

직원을 채용하기 위해서는 구인 구직 사이트에 채용공고를 올리는 것부터 시작한다. 이때 우리 병원에 적합한 직원을 뽑기 위해서는 채용공고를 더 구체적으로 써서 올려야 한다. 다음의 5가지는 일할 병원을 찾고 있는 간호조무사의 선택 기준이다. 거꾸로 생각하면 병원에서 채용공고를 올릴 때 경쟁력을 갖춰 구체적으로 언급해야 하는 항목들이다.

1. 거리가 가까운가?
2. 돈은 많이 주는가?
3. 복지가 좋은가?
4. 분위기가 좋은가?
5. 배울 것이 있는가?

앞의 5가지 항목에는 객관적인 항목과 주관적인 항목이 있다. 거리, 급여, 복지는 객관적인 항목이고, 분위기와 배움은 주관적인 항목이다.

일단 객관적인 정보를 최대한 자세히 공개해야 한다. 좋은 복지를 숨겨 놓는다면, 더 많은 지원자를 보고 골라 뽑을 기회를 놓치는 것이다. 반대로 복지라 할 것도 별로 없는데 그것마저 올리지 않는 것은 조금이라도 나은 사람을 뽑을 기회를 얻지 못하는 것이다. 어차피 입사하면 다 들통날 것 아닌가? 그러니 우리 병원이 줄 수 있는 객관적인 정보는 최대한 지원자가 전부 볼 수 있도록 해야 한다.

지원자가 원하는 객관적인 정보들은 이런 것들이다.

- 급여를 명확하게 알려줘라.

  (세전인지 세후인지, 정기상여나, 보너스 제도가 있는지)

- 근로 시간도 정확히 알려줘라.

  (일찍 퇴근하는 날이 있는지, 야간진료는 없는지)

- 휴가 항목을 최대한 구체적으로 적어라.

  (연차나 경조사 휴가를 어떻게 구성하는지, 기타 휴가가 있는지)

- 점심 식사비용도 정확히 말해줘라.

  (병원에서 별도로 지원해주는지, 급여에 포함되는지)

- 추가적인 금전적 지원에 대해서 다 적으라.

  (출퇴근 보조비가 있는지, 교육 수당이 있는지)

돈, 시간, 휴식…. 이렇게 지원자가 궁금해하는 객관적인 사항은 최대한 자세히 언급해줘야 한다. 그리고 이 객관적인 기준은 당연히 경쟁력이 있으면 있을수록 좋다. 거리는 가까울수록 좋고, 휴가는 많을수록 좋다. 급여는 평균보다 10%만 올려도 지원자의 수가 확 늘어날 것이다. 그런데 아쉬운 것은 객관적인 사항들만 채용공고에 올려놓는 병원들이 너무 많다는 것이다.

채용공고에는 추가로 글을 쓸 수 있는 항목이 있다. 그곳은 객관적인 내용이 아니라 주관적인 내용을 적는 곳이다. 그곳에 병원의 가치관을 담아라. 그리고 원장님이 꼭 강조하는 사항을 한 개 적으라. 정말 친절한 사람을 찾는다거나, 성실한 사람을 원한다거나, 의욕이 있는 사람을 찾는다거나 너무 다양하게 이것도 저것도 적으면 그런 사람은 없다. 그냥 딱 정말 원하는 사람의 유형을 적으면 좋다.

예를 들어 이렇게 병원의 비전과 가치관을 넣는 것이다.

"저희 병원은 코 내부의 구조적인 문제로 불편함을 가진 분들에게 편안한 숨을 선물하는 것이 사명이자 비전입니다. 병원을 찾는 모든 분은 어딘가 불편한 환자분들입니다. 저희 병원은 이곳에서 만이라도 편안함을 누릴 수 있도록 하고 싶습니다. 원장인 저 역시 환자분들에게 최선을 다해 편안함을 드리고자 노력하고 있습니다. 그래서 저는 환자들에게 친절하게 대하는 직원을 찾고 있습니다. 진심으로 환자들을 미소와 친절함으로 대할 수 있는 분들만 지원해주셨으면 좋겠습니다."

잘 생각해보시라. 현재 간호조무사의 월급은 최저시급 정도밖에 안 된다. 만약 그냥 돈을 벌기 위해서라면 식당이나 카페 등 어딜 가서 일해도 같은 월급을 받을 수 있다. 그런데 왜 병원에서 일하는가? 그것은 내가 환자를 치료하는 병원에서 일한다는 개인적 만족감과 사회적 지위의 획득이 이유인 것이다. 그래서 병원은 직원을 뽑을 때 반드시 비전을 제시해줘야 한다. 병원과 같은 비전과 가치관을 공유하는 사람은 쉽게 그만두지 않는다.

참! 중요한 사실 하나가 있는데, 일반적으로 채용사이트에 글을 올린 것이 구글에서 검색이 되어 일반인들도 보게 되는 경우가 많이 있다. 지금 구글에 근처의 다른 병원들 검색을 해봐라. 꽤 많은 관련 글들이 채용공고 글이다. 일반인들이 그것을 보고 우리 병원을 수준을 생각할 수 있을 것이다. 그럴 때 우리 병원의 비전과 가치관을 담은 채용공고가 있다고 생각해보라. 그 자체가 우리 병원을 홍보하는 것이다.

면접

면접 시간이 보통 15~20분 내외라고 한다. 함께 일하는 직원을 뽑는 데 15분이라는 시간은 너무 짧은 시간이다. 물론, 원장님들은 지금까지 셀 수 없이 많은 환자를 만나봤기 때문에 지원자의 몇 마디의 대답과 표정만 봐도 어떤 사람인지 쉽게 파악할 수 있다는 것을 나도 인정한다. 그렇지만, 환자들을 파악하는 것과 함께 일할 직원을 뽑는 것은 완전히 다른 문제이다. 그러니 면접을 볼 때는 최소한 시간을 30분 정도는 투자해서 다음에 제시해드리는 질문들은 꼭 해보시길 바란다.

다음은 모든 원장님이 채용 면접 시 확인하는 질문이다.

Q. 집이 어디인가?

Q. 출퇴근 방법과 시간은 얼마나 걸리는가?

Q. 결혼은 했는가? 아이는 있는가?

Q. 이전 병원에서는 무슨 일을 했는가?

Q. 해당 업무를 할 수 있는가? (예 : 차트, IV, 내시경 보조 등)

이 정도를 물어보면 딱 10분 정도가 된다. 당연히 이 질문들이 꼭 물어봐야 하는 질문인 건 맞다. 거리가 너무 멀면 괜찮아 보여도 뽑으면 안 된다. 결혼을 앞뒀거나 아기를 가질 계획이 있는 사람도 신중히 결정해야 한다. 그렇지만 질문을 여기서 끝내고 지원자를 결정하면 안 된다. 면접 자리는 누구라도 긴장되는 자리다. 그래서 그 자리에서의 태도는 얼마든지 만들어낼 수 있다. 태도만 보고 괜찮은 사람이라 선택하면 일할 때 다른 사람을 보게 될 수도 있다. 그러니 다음의 것들을 추가로 질문하며 그 사람의 숨길 수 없는 역량을 확인해야 한다. 흔히 말하는 심층 면접 질문들이다.

Q. 같이 일하는 직원과 갈등이 생겼을 때가 있는가? 어떻게 해결했는가?

Q. 이전 병원에서 가장 힘들었던 점은 어떤 것이었나? 그것을 어떻게 극복했는가?

Q. 업무에서 가장 잘할 수 있는 일은 어떤 것인가? 그걸 하는 데 필요한 능력은 무엇이라 생각하는가?

Q. 식당에 갔을 때 종업원의 어떤 행동이 가장 친절한 행동이라 생각하는가? 자신은 그 행동을 할 수 있는가?

Q. 스트레스가 쌓였을 때 어떻게 해소하는가?

Q. 우리 병원에서 특별히 하고 싶은 것이 있는가?

앞의 질문들로 지원자의 업무 스타일과 역량, 그리고 생활 모습까지 파악할 수 있다. 이 답변들을 듣고, 원장님이 원하는 지원자를 파악해보길 바란다.

그리고 다음은 면접 시 참고할, 추가 3가지 팁이다.

Tip 1

면접 시간에 얼굴에 미소가 없는 사람은 절대 뽑으면 안 된다. 사람은 기본적으로 잘 보이고 싶으면 웃게 되어 있다. 아무리 긴장되었다 하더라도 미소를 띨 수밖에 없다. 그런데 면접 자리에서조차도 얼굴에 미소가 없다는 것은 환자 앞에서 절대로 미소로 응대할 수 없다고 생각해도 좋다.

Tip 2

현재 병원의 힘든 점이 있으면 면접 시에 지원자에게 이야기해줘야 한다. 좋은 점만 말해주고 막상 들어와서 실망하고 바로 나가는 사람들이 꽤 많다. 면접에서 오히려 어느 정도 힘들 것을 각오하고 들어온 사람들이 잘 적응한다. 솔직하게 병원의 약점을 오픈하고 그것이 괜찮을지를 물어보라.

Tip 3

채용하고 싶은 마음이 드는 지원자라면 원장님이 그 직원에게 꼭 바라는 행동들을 미리 말해주고 지킬 수 있는지를 확인하면 좋다. 면접 자리에서 약속한 것들은 일하면서 항상 기억하고 지키려는 힘이 있다.

DISC 검사

인적성검사라고 들어봤는지 모르겠다. 인적성검사는 주어진 상황에서 어떻게 행동하는지에 대한 검사다. 그래서 정답이 있는 시험은 아니지만, 회사의 상황과 직무에 따라 필요한 행동 성향의 정답은 있는 검사다. 대기업뿐만 아니라 많은 중소기업에서도 하고 있고, 대학병원에서 간호사를 채용할 때에도 사용하고 있다.

인적성검사는 짧은 면접만으로는 상대를 깊이 알기 어렵기 때문에 행동 성향을 파악하고자 활용되고 있다. 보통 1시간에서 3시간 정도를 풀어야 하는 꽤 오랜 시간이 걸리는 검사다. 하지만 동네 의원에서는 이렇게 많은 시간 동안 인적성검사를 할 수는 없지 않은가? 그 대안이 있다. 바로 DISC검사다. 문제를 푸는 데 약 3~5분이면 충분하다. 하지만 생각보다 사람의 업무 성향을 분석하는 데 유용하다.

면접을 마친 후에 DISC 검사지를 풀고 집으로 돌아갈 수 있게 하라. 디스크 검사지는 구글에 검색해도 여러 디자인으로 나와 있다. 그중에 한 개를 선택해서 프린트하면 된다.

DISC검사지에 답변을 하면 그 사람의 행동양식에 대한 유형이 4가지 중 하나로 분석되어 나온다.

D유형(주도형)	I유형(사교형)
장점 : 리더십, 책임감, 체력 좋음. 단점 : 고집, 배려심 부족 병원 : 실장, 검사실 직원(환자 대면 X)	장점 : 유머, 친화력, 긍정적 단점 : 핑계가 많다. 부풀려 말함. 병원 : 데스크, 물리치료사(환자 대면 O)
S유형(안정형)	C유형(신중형)
장점 : 충성심, 꾸준함, 원만함. 단점 : 느리다. 어려운 일 못 함. 병원 : 임상병리실	장점 : 꼼꼼함, 분석적 단점 : 융통성 없음, 비관적 병원 : 행정직

대체로 동네 의원에서는 모든 부분에서 환자를 대면하기 때문에 I유형이나 I유형이 높으면서 S나 C유형 점수가 높은 직원을 채용하는 것이 좋다.

I유형은 굉장히 사교적이라 고객에게 친절하게 대하는 것을 기본으로 가지고 있기 때문이다.

D유형은 검사실이나 체력적으로 업무량이 많은 부서에서 좋다. 반면 D성향이 너무 높다면 고객과 직접 대면을 하는 부서에서는 불

만 상황에서 트러블을 일으킬 가능성이 있다.

S유형이 유독 높은 사람들은 우리 주변에 좋은 사람이라고 평가받는 사람들이 많다. 그래서 일반적인 동네 의원에서는 S유형의 직원도 괜찮다. 원만한 분위기를 만들어 주기 때문이다. 하지만 모든 면에서 느리기 때문에 정신없이 바쁜 병원이라면 직원이 낙오될 가능성이 크다.

C유형이 적당히 높다면 병원 행정에서의 놓치지 않는 꼼꼼함을 발휘해 줄 것이다. 하지만 I성향이 없이 D성향을 가진 채로 C가 극단적으로 높다면 병원에서 분란을 일으킬 가능성이 있을 수 있다.

DISC 검사로 모든 사람을 100% 평가할 수는 없지만, 아주 짧은 시간 동안 그 사람을 이해하는 데 꽤 유용한 도구임은 틀림없다. 그러니 좀 더 신경 써서 채용하고 싶다는 병원에서는 도입해보면 좋을 것 같다.

앞서 알려드린 채용공고에 넣을 내용과 면접 시 해야 하는 질문들 그리고 DISC 검사로 더 좋은 지원자를 채용할 수 있었으면 좋겠다.

한 달에 한 번
이렇게 회의하라

메리어트호텔의 빌 메리어트(John Willard Marriott Jr.) 회장은 이런 말을 했다.

"좋은 리더는 조직원들의 말을 경청해야 한다. 당신이 호텔 사장이라 해도 호텔 방을 치우는 것에 대해서는 룸메이트보다 더 잘 알수 없다."

동의하는가?

아무리 뛰어난 의사라 해도, 병원 데스크에서 접수하는 것은 직원보다 잘할 수 없다. 직원의 태도 하나하나를 간섭하면 안 된다. 자율성 속에서 스스로 잘할 수 있도록 조력자가 되어야 한다.

병원을 경영하는 데 있어서 직원과의 의사소통은 굉장히 중요하다. 하지만 너무 많은 회의나 지나친 간섭은 오히려 조직에 안 좋은영향을 준다. 그래서 동네 의원에서 하지 말아야 할 회의와 해야 하는 회의와 의사소통 방법을 알려드리려고 한다.

하지 말아야 할 회의

일대일 면담

개원 초기에는 아주 호기로운 생각으로 모든 직원의 마음을 헤아리고자 일대일 면담을 많이 한다. 그런데 일대일 면담을 하고 나면 직원들끼리 앉아서 이런 이야기를 한다. "나는 3분 면담했는데, 너는 왜 20분 면담을 했어?" "무슨 이야기했어?" "그거 물어봤어?" 원장님은 좋은 뜻에서 서로의 생활에 대해서 듣고자 했을 뿐인데, 그 시간 자체가 직원들 사이에서 원장님의 총애를 받는 직원과 원장님의 관심 밖의 직원으로 나뉘게 된 것이다.

일대일 면담은 가능하면 하지 마라. 심지어 직원 중에서 어느 날 갑자기 드릴 말씀이 있다면서 면담을 요청할 수 있다. 이때도 바로 응하지 말고, 하고 싶은 내용을 이메일이나 카카오톡으로 정리해서 보내달라고 말하라. 그러면 그 내용을 보고 나서 답변을 직접 말해주거나 메신저를 통해서 전해주겠다고 해야 한다.

점심 식사 회의

인천의 W내과는 직원이 4명이다. 다른 병원에 비해 업무 강도가 높은 것도 아니고, 직원들의 사이가 나쁜 것도 아니다. 그런데 직원이 오래 다니질 못한다. 몇 개월만 다니면 또 그만두고 또 그만두기를 반복한다. 원장님이 직원이 계속 바뀌는 것에 대해 내게 해결책을 물어봤다. 나는 이렇게 말했다.

"원장님. 직원들과 점심을 같이 드시지 마시고 따로 드세요."

이 병원은 점심 식사를 원장님과 직원이 같이 한다. 나도 여러 번 그 점심을 함께했는데, 세상 그렇게 불편한 점심 식사는 없었다. 심지어 식사 속도도 굉장히 느린데, 그 시간 동안 계속해서 업무 이야기와 정치 이야기만 했다. 직원들도 그 시간은 쉬고 싶지 않을까?

점심을 같이 먹는 원장님들이 많이 있다. 병원의 사정상 어쩔 수 없다고 말하거나 직원들이 불편해하지 않는다고 말한다. 하지만 그것은 핑계다. 원장님과 매일 같이 밥을 먹는 게 편한 직원은 없다. 만약 점심을 계속 먹을 수밖에 없는 환경이라면 절대로 업무 이야기는 하지 말자. 그 시간은 직원들도 그냥 쉬고 싶다.

하면 좋은 회의

조회

대전의 한 내과 검진센터에서는 매일 아침 5분 남짓 전체 직원 조회를 한다. 15명 정도인 모든 직원이 모여서 서로 아침 인사를 하고 오늘 검진 예약이 되어 있는 환자들을 쭉 확인하고 병원의 구호를 외치며 힘차게 하루를 시작하는 간단한 조회다.

조회는 잘만 지킬 수 있다면 굉장히 유용한 회의다. 온종일 같이 있는 직원들끼리 아침에 인사하고 시작하는 것은 그 자체로도 큰 의미가 있다. 하지만 주의할 것이 있다. 조회 시간에 원장님이 잔소리

한다거나 부정적인 이야기를 하면 하루의 시작을 망치게 된다. 만약 매출에 관한 이야기나 불만고객 등 쓴소리나 부정적인 이야기를 해야 할 것 같으면 나중에 한 달에 한 번 하는 전체 회의 시간에 하도록 한다. 조회를 한다면 반드시 긍정적인 에너지를 주는 이야기만 하도록 하자.

한 달에 한 번, 전체 회의

내가 다녔던 회사는 한 달에 두 번만 회의를 했다. 나머지 모든 전달사항 및 의사소통은 카카오톡 메신저로 이뤄졌다. 그냥 카카오톡이나 메일로 전달할 수 있는 내용인데 전체 회의를 잡으면 그것처럼 비효율적인 적이 없었다. 그냥 회의의 무게감만 없어진다. 그러나 한 달에 한 번 지난달 영업실적과 회사에서 제시하는 목표와 평가 지표들을 함께 보는 회의는 반드시 해야 한다. 만약 그러한 회의까지 없어지면 업무 자세가 무너지기 때문이다.

우리 병원은 얼마에 한 번씩 회의하는가? 회의가 너무 많으면 안 되지만 전혀 소통할 시간이 없다는 것은 더 큰 문제다. 적어도 한 달에 한 번 날짜를 잡아서 회의해야 한다. 무슨 회의를 할까? 다음의 항목들을 가지고 회의해야 한다.

1. 병원의 비전과 가치관 확인, 환자 수와 매출 확인
2. 이번 달에 있었던 가장 기억에 남는 일 / 개선할 사항

병원의 비전과 가치관에 관한 이야기는 해도 해도 중요하다. 성장하지 않는 병원은 비전과 가치관이 없는 병원이다. 비전은 병원의 방향성이고 일을 하는 이유다. 그러므로 회의가 있을 때마다, 병원의 비전과 가치관에 대해서 생각해보는 시간이 있어야 한다.

예외 없이 세상의 모든 직원은 자신은 열심히 일만 하고, 돈은 사장이 다 벌어간다고 생각한다. 그래서 병원의 매출 구조와 수익에 대해서 직원에게 오픈해주는 것도 필요하다. 원장님이 말하지 않아도 병원의 매출은 직원들도 얼마든지 쉽게 알 수 있다. 그런데 직원들은 병원에서 지출하는 비용에 대해서는 생각하지 못하고, 매출만 보고 그걸 원장님이 이익으로 다 가져간다고 생각한다. 그러니 병원의 매출을 말해주면서 지출하는 비용과 세금이 어느 정도는 말해주는 것도 필요하다. 그리고 가능하다면 모든 사업에서의 최종수입은 25~30% 정도이며, 근로자들 역시 자신이 받는 돈의 4배를 매출로 만들어야 자신의 몫을 하는 것이라고 잘 설명해주어야 한다. 그래야 자신의 역할이 어느 정도의 매출을 해야 하는지를 가늠할 수 있다.

원장님은 진료실 안에서 병원을 보기 때문에 진료실 문밖에서 어떤 일들이 일어나고 있는지 병원에 어떤 문제가 있는지 잘 알지 못한다. 하지만 직원들은 대기실의 환자들을 항상 보고 있으므로, 병원을 더 발전시키기 위해서는 어떤 것들을 해야 하는지를 원장님보다 더 잘 알고 있을 수가 있다.

그래서 직원들에게 한 달에 한 번 있는 회의에는 지난달에 있었던 가장 기억에 남는 일이나 병원에서 개선할 사항을 하나씩 가져오라고 하자. 그렇게 회의에 직원들도 참여시켜야 한다. 지난달에 기억에 남는 사건을 하나씩 가져오라고 하면 대부분 진상환자에 대한 이야기가 나온다. 아니면 병원에서 넘어지거나 다쳤거나 놀랐던 이야기가 나오고, 때론 감동적이었던 이야기도 나온다. 이런 내용으로 진행하면 직원들도 큰 부담 없이 편하게 이야기할 수 있다. 그중에서 병원 발전에 도움이 될 만한 이야기를 한 직원에게 5~10만 원 상품권을 줘라. 그러면 처음에는 엉뚱한 것들을 말하지만, 이런 회의가 익숙해지면 점점 병원에 도움이 되는 정보를 이야기할 수 있게 된다.

중간관리자, 메신저 소통

사업체는 경영자와 관리자와 직원으로 나뉘어 있다. 그런데 작은 동네 의원은 대부분 경영자인 원장님이 관리자의 역할을 함께하고 있다. 그렇지만 병원을 더 효율적으로 성장시키기 위해서는 관리자가 따로 있어야 한다. 그래서 직원을 관리하고 평가하는 역할을 맡겨야 한다. 5인 이상이 되는 병원은 직원 중에서 관리자의 성향이 강한 직원을 중간관리자로 세워라. 그리고 관리자 직급 수당을 주면서 대부분의 소통은 그 직원을 통해 전달되도록 하는 것이 좋다.

오랫동안 병원을 지켜본 결과 원장님과 직원이 너무 가까우면 끝이 좋지 않다. 이런 병원일수록 직원 고민이 더 많은 경우가 많다. 원장님이 외롭더라도 직원과 거리를 두는 게 좋다. 그래서 모든 의사소통은 중간관리자를 통해서 하거나 곧바로 직원에게 메시지를 전달할 때에는 메신저나 서면으로 할 것을 권한다. '아' 다르고 '어' 다르다. 말로 전달한 지시사항은 정확하게 전달될 수 없다. 근거가 있어야 결과에 대한 피드백도 가능한 것이다.

✚ **플러스 팁** ✚

회식이나 회의 시간을 통해 직원들의 관계를 파악하고자 노력해야 한다. 비뇨의학과 같은 특별한 진료과를 제외한 동네 의원은 대부분 직원이 여성이다. 남성은 대체로 목표 지향적이고, 여성은 대체로 관계 지향적이다. 여성들은 아주 작은 모임에서도 관계를 형성하려고 하고, 그 관계 때문에 좋고 싫고가 결정된다. 회식이나 회의 시간에 그 관계를 내색하지 않으려고 노력하겠지만, 대부분의 원장님은 그 정도는 파악할 수 있는 사회적 지능이 있다. 그러니 파벌까지는 아니더라도 직원들 사이에서 서로 좋고 싫고의 관계를 파악하는 것은 직원 관리에 있어서 굉장히 중요하다.

외부 교육 NO!
직원 교육하는 3가지 방법

[비밀 9]

인천에 있는 S내과는 두 달에 한 번씩 고정적으로 외부 강사를 통해 직원 교육을 한다. 동네 의원 중에서 이렇게 두 달에 한 번씩 직원 교육을 하는 곳은 정말 드물다. 6년 전 처음 교육을 했을 때는 서비스마인드부터 시작해서 매너 교육, 조직문화 개선, 직무 스트레스 등 이론을 주로 설명하는 교육을 했지만, 나중에는 철저하게 각 파트별로 매뉴얼을 만들고 그 매뉴얼을 연습하는 교육으로 바뀌었다. 그래서 두 달에 한 번씩 고객 응대 매뉴얼을 연습하고 피드백 받고, 전화 응대 매뉴얼을 연습하고 피드백 받고, 고객관리 매뉴얼을 피드백 받는 교육으로 바뀌었다.

이렇게 누군가가 옆에서 교육하고 피드백을 정기적으로 줄 수 있다면 너무 좋겠지만, 모든 병원이 이러한 환경에 있을 순 없다. 그럼 어떻게 해야 하는가? 자체적으로 하는 방법 있다. 아주 참신하고 효과적인 3가지 방법을 알려드리겠다.

직접 방문 교육

가장 좋은 서비스 교육은 최고의 서비스를 직접 경험하게 하는 것이다. 병원 서비스 교육에서 가장 좋은 방법은 서비스가 훌륭한 병원을 직접 경험해보는 것이다.

강남에 있는 이름 있는 성형외과나 피부과를 한 번이라도 가본 사람은 병원 서비스의 수준에 대해서 깜짝 놀랄 것이다.

나는 아직 병원 직원을 다른 병원에 환자로 가정해 보내고 접수부터 진료까지 다 경험해 보게 하는 원장님을 본 적이 없다. 그런데 실제로 이것은 다른 서비스 산업에서 굉장히 보편화되어 있는 교육 방법이다. 우리 병원에도 적용해보면 어떨까?

환자가 별로 없는 오후에 교통비와 식비를 지원해주며 지역에 있는 성형외과에 가서 성형 상담까지 받아보도록 해주라. 그곳의 서비스 수준과 우리 병원에서 배울 수 있는 점들이 무엇이 있을지 파악해보는 과제를 가지고 말이다. 성형외과가 너무 다른 진료과라 생각이 든다면 거래하는 제약회사나 검체 회사 등을 통해 서비스 수준이 좋은 같은 과 병원을 추천받고 그 병원을 탐방하도록 해보자. 직원 스스로 많은 것을 느끼고 올 수 있을 것이다. 추가로 그 직원이 우리 병원의 다른 직원들에게 탐방 경험에 대해서 들려줄 수 있게 한다면 최고의 교육이 될 것이다.

시험 교육

인천에 있는 K정형외과 원장님은 직원 교육에 굉장히 관심이 많다. 내가 지금까지 경험한 모든 동네 의원 중에서 직원 교육에 가장 많은 비용을 쓰는 병원이다. 이 병원은 직원들을 대상으로 1년에 2번 시험을 본다. 시험은 총 3과목이다. 업무 지식, 응대 매뉴얼, 역사다. 역사라는 과목이 있다는 것이 좀 신기하지만, 원장님은 역사가 지식의 완성이라며 직원들에게 역사 공부를 시킨다. 상반기 하반기에 진행되는 시험을 통해 각 시험의 1, 2, 3등에게 해외여행을 보내준다. 심지어 이 여행을 갈 때는 본인의 휴가도 쓰지 않고 가는 것이다. 한번 갈 때마다 한 사람당 200만 원 가까운 경비가 들어간다고 한다.

단순히 원장님이 교육에 관심이 많다고 해서 할 수 있는 복지는 아니다. 꼭 시험을 봐야만 그것이 다 숙달되는 것 또한 아니다. 그런데 재미있는 것은 시험이 있기 두 달 전부터 병원의 분위기 다르다. 직원들은 시간만 나면 암기 과목들을 공부하고 서로 문제를 내주면서 시험공부를 한다. 무엇인가 병원이 열정적으로 집중하고 있다는 느낌이 그 병원 전체에 감돈다. 병원이 무슨 공부하는 곳이냐고 반문할 수 있겠지만, 사실 모든 회사는 항상 시험을 본다. 내가 다녔던 첫 번째 회사는 3개월에 한 번씩 전 직원이 연수원에 모여 시험을 보고 전체 등수를 나열했었다.

해외여행 상품까지는 아니더라도 상품권 30만 원 정도를 걸고 부담 안 될 정도의 시험을 보는 건 어떨까? 적어도 고객 응대 수준을 높이기 위해서 매뉴얼을 만들었다면 그것을 숙지하게 하려고 시험 문제를 만들어도 재미있을 것 같다. 그러면 자신들이 다 외운 그 매뉴얼을 재미있는 과정을 통해 실행하게 되지 않을까 싶다.

동영상 교육

2008년 2월 26일, 스타벅스의 CEO 하워드 슐츠(Howard Schultz)는 이날을 스타벅스가 다시 태어난 날이라고 말했다. 스타벅스가 10년 동안 끝을 모르는 성장세를 지속하다. 어느 순간 영업이익률이 떨어지고, 고객들의 불만이 너무 많이 접수되기 시작했다. 내부에서는 어떤 문제가 있냐는 고민을 하게 되었다. 결론은, 무분별한 확장으로 직원들에게 고객과 커피에 대한 교육이 제대로 이뤄지지 않았다는 것에 도달했다. 슐츠는 엄청난 결단을 한다. 하루 동안 전 세계에 있는 7,000개의 모든 스타벅스의 문을 닫고 직원 교육을 하기로 한 것이다. 이날을 위해서 커피에 대한 지식과 고객에게 커피의 경험을 어떻게 전달해줘야 하는지에 대한 영상을 DVD로 만들어 전 세계 스타벅스에 보냈다. 이 날, 모든 스타벅스는 문을 닫고 동영상으로 교육을 받았다. 그리고 그 이후, 스타벅스는 이전과 완전히 다른 일관된 서비스를 전해주는 계기가 되었다.

단 한 번의 동영상 강의로 이것이 가능할까? 사실 그건 불가능하다. 그것도 전 세계에 있는 모든 직원이 말이다. 하지만, 한 번의 핵심 교육을 동영상으로 전달하고, 이것을 집중적으로 계속 피드백한다면 가능할지도 모른다.

병원에서 외부 강의를 한답시고 1~2시간 유익한 수업을 듣고 전혀 피드백하지 않는다면 변화되는 것은 아무것도 없다. 하지만 정말 중요하다고 생각하는 몇 가지 핵심을 교육하고, 그것을 환자들과 만나는 접점에서 계속 적용하고, 피드백한다면, 그것은 정말 변화를 일으키는 교육이 될 것이다.

생각해보라. 동네 의원에서 환자들과 직원들이 만나는 접점은 단순하고, 많지 않다. 그리고 서비스 교육강사로서 말하자면, 고객이 응대 서비스에서 만족과 불만족을 느끼는 포인트들은 생각보다 굉장히 단순하다. 그래서 병원에서는 이 몇 가지의 포인트의 중요성에 대해서 배우고, 우리 병원에서 환자를 만나는 접점에서 어떻게 적용할지만 공부하면 된다.

병원에서 자체적으로 한 달에 한 번 정도 점심을 먹으며 온라인 교육을 듣는 시간을 가져라. 유튜브에 고객만족, 고객서비스, 친절교육, 병원서비스 등 키워드를 입력하면 정말 많은 영상 자료들이 나온다. 한 달 동안 원장님이 좋은 영상을 미리 보고 선별해 놓은 다음, 직원들과 그 영상을 같이 보며 공부해보자. 영상은 10분 내외면 좋겠지만, 절대로 20분은 넘기지 않도록 하자. 그리고 영상에서 말하는 핵심을 딱 1개만 뽑아서 그것을 병원에 잘 적용하자는 것으로 교육을 진행하면 된다. 너무 욕심부리면 안 된다. 딱 한 가지의 핵심이면 충분하다.

바로 쓸 수 있는
실전 매뉴얼 만드는 방법

[비밀10]

　매뉴얼은 한글로 바꾸면 사용설명서라고 할 수 있다. 어떤 제품을 구입하면 그 제품을 사용하는 방법에 대해서 자세히 적어놓은 것을 사용설명서라고 한다. 이 매뉴얼의 가장 큰 특징은 처음 사용하는 사람도 따라 할 수 있게 구성해야 한다는 것이다. 누군가의 도움이 없이 그 매뉴얼만 보더라도 그 제품을 사용하는 데 문제가 없어야 한다. 물론 그 제품을 많이 써 본 사람들은 매뉴얼을 꼼꼼히 보지는 않겠지만, 그들조차도 제품을 사용하다 궁금한 점이 생기면 언제든지 그 부분을 펴서 살펴볼 수 있는 것도 매뉴얼의 기능이다.

　새로운 물건만 적용되는 것이 아니다. 회사에 입사하면 신입사원 교육 자료가 있다. 그것이 매뉴얼이다. 그 매뉴얼 중에는 주 업무에 대한 업무 매뉴얼도 있지만, 회사 생활을 하는 데 필요한 여러 가지 규칙들도 여기에 포함된다. 이렇게 시스템과 규칙들이 정리되어 있다면 전부 매뉴얼이라고 할 수 있다.

우리 병원은 어떻게 매뉴얼을 만들어 놓고 있는가? 새로운 직원이 들어오면 우리 병원의 지켜야 할 규칙들이 적혀 있는 매뉴얼을 주는가? 하게 되는 업무에 대해서 일목요연하게 정리된 업무 매뉴얼이 있는가?

개원한 지 5년, 10년이 되어 이제는 뭐 그냥 눈만 마주치면 무슨 말인지 알기 때문에 매뉴얼은 필요 없다고 생각하는가? 그것은 대단히 잘못된 생각이다. 오히려 오래되고 긴장감이 없는 상황에서 더 매뉴얼은 필요하다. 앞서 말했듯 갑자기 어느 부분을 어떻게 해야 할지 모를 때 찾아볼 수 있는 지침서가 없다는 것이기 때문이다.

어떤 매뉴얼을 어떻게 만들어야 할까? 원칙은 간단하다. 실제로 필요하고, 쓸 수 있는 매뉴얼을 만들어야 한다. 실제로 고객 매뉴얼을 만들겠다며 토씨 하나 빠뜨리지 않고 스크립트를 만들어놓은 병원이 있다. 그것이 지켜질까? 절대 지켜지지 않는다. 어떻게 사람과의 대화를 토씨 하나 틀리지 않고 매뉴얼대로 지켜서 할 수 있겠는가? 그러니 매뉴얼을 만들 때는 실제로 우리 병원에서 쓸 수 있는 매뉴얼을 만들어야 한다.

우리 병원에 꼭 필요한 매뉴얼의 종류들과 어떤 식으로 만들어야 하는지를 알려드리겠다. 이것을 참고해서 우리 병원의 매뉴얼을 꼭 만들길 바란다.

규정 매뉴얼

새로운 직원이 입사하면 우리 병원의 규정을 알려주는 매뉴얼을 주어야 한다. 대부분 매뉴얼이 없이 그냥 기존 직원의 모습을 보거나 말로 설명을 들어서 그대로 생활하는 경우가 많다. 그런데 기존의 직원이 원장님이 원하는 우리 병원의 모범 된 모습은 아니지 않은가? 예를 들어 기존의 직원이 화려한 큐빅이 있는 네일아트를 하고 있는데, 원장님은 그것을 원치 않을 수가 있다. 그런데 그것을 새로운 직원부터 하지 말라고 하는 것도 웃기다. 만약 매뉴얼이 없다면 그 직원은 기존 직원의 복장과 업무태도를 보고 그대로 따라 하려고 할 것이다. 그러니 병원의 모습이 발전 없이 계속 그대로 유지되는 것이다.

규정에 대한 매뉴얼은 근태를 비롯한 복장과 업무태도에 관한 내용을 담아 놓으면 된다. 최대한 구체적으로 만들어 놓으라.

| 근태 |

- 출근 시간 : 9시까지 출근(9시 1분부터는 지각)

- 점심 시간 : 1시~2시(오전 접수 마감은 12시 50분)

- 퇴근 시간 : 18시 30분(30분 이전에 퇴근 준비하지 않는다)

* 1년간 지각이 5번 이상일 시 인사상 불이익이 있을 수 있다.

* 외출 시에는 반드시 원장님께 메신저로 사유를 말하고 외출

* 외출 시에는 근무복을 가리는 복장으로 외출

| 업무태도 |

- 컴퓨터 사용 : 병원 컴퓨터는 업무 이외에 개인 용도로 사용하지 않는다.
- 휴대전화 사용 : 개인적인 메시지는 최대한 자제하되, 필요할 때는 휴게실에서 사용
- 직원과의 대화 : 대화는 최대한 작은 소리로 하고, 사담을 나눌 때도 호칭은 ○○선생님을 사용한다.
- 취식 : 데스크에서는 물이나 음료수와 같은 음료만 가능하며, 그 이외의 취식은 반드시 휴게실에서 하도록 한다.

| 용모 복장 |

- 유니폼 : 단추는 모두 잠그도록 하고, 걷거나 접어 입지 않도록 한다.
- 헤어 : 지나치게 밝은색(노란색, 빨간색 등)의 염색 및 탈색은 금지한다. 헤어 길이가 어깨 아래로 내려올 때는 뒤로 묶는 머리를 한다.
- 네일 : 네일아트를 해도 되나, 지나치게 화려하거나 너무 다양한 색의 조합은 피한다.
- 액세서리 : 귀걸이는 한쪽에 3개 이상은 하지 않는다.
- 문신 : 눈에 보이는 곳의 타투는 겉옷이나 스티커로 가린다.

앞의 예시는 그냥 예시일 뿐이다. 병원에서 직원들과 상의를 해서 만들어도 좋고, 원장님이 만들어도 좋다. 우리 병원에 꼭 필요한 규정을 만들어보라. 규정에 관한 매뉴얼은 반드시 있어야 한다. 그래야 그 매뉴얼을 근거로 직원의 근무 태도에 대한 피드백도 줄 수 있는 것이다.

업무 매뉴얼

업무 매뉴얼은 말 그대로 업무의 사용설명서를 만드는 것이다. 업무 매뉴얼은 신입직원이 왔을 때 업무를 익히게 하려는 것이 주목적이지만, 만드는 것 그 자체가 사실 병원에 큰 득이다. 매뉴얼을 만드는 과정에서 우리 병원의 업무를 한번 돌아볼 수 있기 때문이다. 업무가 너무 패턴화되고 익숙해서 새로울 것이 없겠지만, 업무의 항목 하나하나를 다시 생각해보면서 정리하다 보면 기존의 직원도 잊고 있는 항목들이 꽤 많음을 알 수 있게 된다. 또한 업무 로테이션을 하지 않는 병원들도 꽤 많다. 그런데 업무 매뉴얼을 만듦으로써 직원들이 다른 업무에 대한 전체적인 그림도 그려볼 수 있다.

업무 매뉴얼을 작성하는 것은 병원에서 하는 업무 항목들을 먼저 쭉 뽑아보고, 그 업무를 언제 어떻게 하는지만 정리하면 된다. 글로 작성이 어려운 업무들은 영상으로 찍으면 좋다.

- 전자 차트(접수, 메시지 전송, 기타 정보 등 차트 사용법)

- 업무 시 사용하는 인터넷 사이트(사이트 종류, 아이디, 패스워드 등)

- 진료 보조(진료실 보조 시 하는 업무의 순서와 준비해야 할 것들 등)

- 건강검진 예약(예약 시 확인해야 할 것, 사이트 등록 방법, 주의 사항 등)

- 거래처 관리(제약회사, 의료기기, 차트, 검체 등 거래처 리스트와 전화번호 등)

- 예방접종 안내(예방접종 종류, 안내할 내용, 가격 등)

이것도 역시 그냥 예시일 뿐이다. 병원마다 업무 매뉴얼을 작성할 항목이 10가지 정도는 나올 것이다. 그것들을 쭉 정리해 놓자. 실제로 업무 매뉴얼을 작성해 놓고 주기적으로 업데이트를 하면 병원이 굉장히 안정감을 느끼게 될 것이다.

고객 응대 매뉴얼

고객 응대 매뉴얼도 반드시 있어야 한다. 그런데 이것은 만들다 보면 정말 끝이 없다. 또한 전혀 쓸 수 없는 매뉴얼이 만들어지기도 한다. 고객의 질문과 상황이 다른데, 매뉴얼로 모범답변을 익히면 그에 맞는 정확한 대답을 할 수가 없다. 그래서 고객 응대 매뉴얼은 핵심이 되는 몇 개의 상황을 뽑고 오프닝과 클로즈에서 꼭 해야 할 말들을 위주로 정리하면 된다. 가장 좋은 방법은 직원들이 다 같이 모여서 고객을 만나는 접점을 뽑고 꼭 해야 할 말, 그때 하면 좋은 태도를 같이 생각해보는 것이다. 아무리 불친절한 직원도 모범답안을 알고 있다. 그들이 직접 모범답안을 내도록 해야 한다.

- 환자가 접수하러 왔을 때
- 순서가 되어서 진료실로 안내할 때
- 검사실로 안내할 때
- 검사를 할 때(검사 항목별로)
- 주사를 놓을 때
- 수납할 때
- 전화를 받았을 때(상황별로 예약 문의, 위치 안내, 진료 시간, 진료 가능 여부 등)

상황을 정리하고 그 상황에서 우리 병원은 어떻게 응대하면 좋을지를 매뉴얼로 만들어보라. 사실 이렇게 만들어야겠다고 생각하기까지가 어려운 것이지, 막상 저렇게 정리하고 내용을 채우는 것은 어렵지 않다. 만들 때 처음의 원칙을 잊지 말자. 꼭 사용할 수 있도록 만들어야 한다. 너무 장황하게 만들지 말라. 꼭 이 말만은 이렇게 했으면 한다는 식으로 정리하면 된다.

매뉴얼은 글로 적어도 좋지만, 동영상 촬영을 해 놓는 것도 굉장히 좋다. 특히 업무매뉴얼이나 고객 응대 매뉴얼은 동영상으로 촬영을 해놓고 인수인계하면 그것을 보면서 익히면 훨씬 현장감 있게 익힐 수 있다.

단, 동영상을 촬영할 때는 영상당 2분을 넘기지 않게 하자. 1~2분 길이의 영상이 가장 집중력 있게 내용을 전달할 수 있다.

행복을 기억하는 순간을
선물하라

복지는 행복이다. 사실 동네 의원 경영에 가장 중요한 것은 입지이고, 직원 관리에 가장 중요한 것은 급여다. 하지만 입지와 상관없이 잘되는 병원이 있고, 급여와 상관없이 일을 열심히 잘하는 직원이 있다. 어쩌면 이 책은 그런 입지와 급여와 상관없이 주어진 환경에서 조금이라도 더 잘되는 병원이 되기 위해 어떻게 해야 하는지를 알려 주고 싶어서 썼다.

어떻게 하면 직원도 더 열심히 일을 하고, 그로 인해 병원도 더 성장하게 할 수 있을까? 그것은 적절한 복지가 있어야 한다. 복지란 행복한 삶을 뜻한다. 다시 말해 우리 병원에서 일하는 것이 행복하게 해주는 것을 의미한다.

행복을 수치로 표현할 수 있다면, 어떤 사람은 갑자기 보너스로 10만 원을 주면 행복 수치가 올라간다. 하지만 어떤 사람은 보너스로 10만 원을 주는 것보다 하루 휴가를 주는 것에 행복 수치가 더 올라갈 수 있다. 심지어 어떤 사람은 보너스 10만 원이나 휴가도 아닌 진심으로 인정해주고 칭찬해주는 것에 가장 행복함을 느낄 수도 있다. 이렇게 사람마다 행복함을 느끼는 항목들이 다르다.

<매슬로의 욕구 5단계>

미국의 심리학자 매슬로(Maslow, A. H.)는 사람의 욕구를 5단계로 나눴다. 해당 욕구의 단계에 있는 사람은 그 단계의 욕구를 충족시켜주었을 때 행복함을 더 느낀다는 것이다.

1단계 : 생리적 욕구(의식주 생활에 관한 욕구 / 급여)

2단계 : 안전의 욕구(신체적 정서적 안정의 욕구 / 휴가)

3단계 : 소속감과 애정의 욕구(소속됨의 욕구 / 비전, 가치관에 동참)

4단계 : 존경의 욕구(타인에게 인정 / 칭찬, 목표달성)

5단계 : 자아실현의 욕구(자기만족 / 자기만족)

직원이 속해 있는 욕구의 단계에 따라서 보상의 만족과 행복의 강도가 다르다. 그래서 원장님은 직원들이 어떤 단계에 있고, 어떤 욕구가 있는지를 잘 파악해야 한다. 그리고 보상을 해줄 상황에서는 그 직원이 가장 중요하게 생각하는 욕구를 충족시켜주는 것이 그 직원에게 가장 큰 동기부여를 주는 것이다.

스트레스 해소

복지는 다시 말해 병원에서의 행복함을 느끼게 하는 것이다. 그런데 일터에서 행복을 방해하는 큰 요인 중 하나가 있다. 바로 업무 스트레스다. 업무 스트레스는 자신도 모르게 지속해서 쌓이게 되는데, 이것들이 계속 쌓이면 번아웃까지 이어져 병원의 성장에도 큰 악영향을 준다. 그래서 병원에서 직원들의 업무 스트레스를 해소해줄 수 있다면 직원들에겐 복지가 될 것이고, 결국 그것은 병원의 성장에도 도움을 주는 것이다.

나는 스트레스교육협회에서 주는 강사 자격증을 가지고 있다. 병원에서 특히 종합병원 중환자실이나 병실 간호사 중에서 번아웃이 많다는 사실을 알고 난 뒤, 스트레스교육협회에서 오랜 시간 교육을 이수하고 자격증을 받았다. 이 페이지에서는 스트레스를 해소할 수 있는 실제적인 몇 가지 방법을 제시할까 한다.

1. 앵커링 기법

만약 병원에서 맛있는 회식을 했거나, 즐거운 워크숍을 했다면 사진을 찍어 출력한 후 직원 대기실에 붙여 놓으라. 뿐만 아니라, 직원들에게도 자신이 지금까지 여행했던 곳 중에서 가장 좋았던 여행지 사진을 출력해서 데스크에 올려놓으라고 하자.

인간의 무의식은 굉장히 단순해서 좋았던 기억이 있는 사진을 보는 순간 무의식이 그 공간으로 간다. 그리고 그 공간에서 경험한 좋은 기억들이 재현되며 사진을 보는 것만으로도 세로토닌과 엔돌핀 같은 호르몬이 몸속에 나오게 된다. 이런 좋은 호르몬은 몸에 쌓인 스트레스를 풀어주는 반 스트레스 작용을 한다.

2. 기대요법

나는 11년 전 제약회사에서 영업을 시작하면서 매달 <정섭일보>라는 소식지를 만들어 원장님들께 드렸다. 그 <정섭일보>에는 병원 경영에 도움이 되는 자료들로 8페이지를 만들었고, 맨 마지막 장에 1,000원짜리 로또를 붙여 드렸다. 로또를 드렸던 처음의 마음은 환자를 만나면 돈이 되는 이 시간에 나를 만나준 원장님에게 고마운 마음으로 드렸던 것이었지만, 나중에 생각해보니 이 로또를 드린 것이 원장님의 스트레스 해소에 조금이나마 도움이 되지 않았을까 싶다.

인간은 무엇인가를 기대하게 되면 몸속에서 엔도르핀과 세로토닌과 도파민의 호르몬이 나온다. 물론 로또 한 장에 그렇게 많은 호르몬이 나오진 않겠지만, 그래도 무엇인가 긍정적인 것을 기대하게 된다는 것은 굉장히 좋은 일이다. 만약 오늘 업무가 끝나고 사랑하는 애인과 저녁 데이트 약속이 잡혀 있다면 오늘 병원에 진상고객이 찾아와도 기분 나쁘지 않게 응대할 수 있다. 그것이 기대효과다.

병원에서도 이러한 소소한 기대를 만들 수 있는 이벤트들을 만들자. 갑자기 맞닥뜨려서 급하게 점심을 시키거나 그러지 말고 다음

주 금요일 점심에는 아주 맛있는 음식을 내겠다며 미리 기대하게 만들어라. 이번 건강검진 시즌이 끝나는 1월 중순에는 다 같이 뮤지컬을 보자며 예약해서 보여주라. 업무 중에 무엇인가를 기대하게 한다는 것은 업무 스트레스를 해소하게 해주는 굉장히 좋은 일이다.

3. 운동

스트레스 해소에 가장 좋은 것은 1초의 망설임도 없이 운동이라고 대답할 수 있다. 스트레스란 외부의 자극으로 인해 우리 몸이 교감신경의 전투태세 상태에 머무는 것을 의미한다. 이 상태에서 스트레스 상황을 해소하는 것은 부교감신경을 활성화하거나 활성화된 교감신경을 긍정적으로 해소하는 것이다.

운동은 이렇게 교감신경을 아주 긍정적으로 해소한다. 그래서 운동을 꾸준히 하는 사람은 스트레스로 인한 질병을 예방할 수 있다고 하는 것이다.

만약 병원에서 직원들에게 복지 혜택을 하나 추천한다면, 나는 운동하는 것을 지원해주라고 말씀드리고 싶다. 직원들이 꾸준히 운동함으로써 스트레스를 해소한다면 결국 그것은 병원의 성장에도 좋은 영향을 주는 것이다.

4. 한숨 쉬기

마지막으로 한숨 쉬기를 추천한다. 일반적으로 한숨은 기분 나쁜 호흡이다. 하지만, 우리가 기분 나쁘게 생각하는 이유는 이 한숨이 일반적으로 스트레스 상황에서 우리 몸이 자연적으로 나오는 반응이기 때문이다. 그래서 그 상황이 기분 나쁜 것이지, 한숨은 굉장히 중요한 몸의 반응이다. 우리 몸은 항상성을 유지하기 위해 교감신경이 지나치게 활성화되면 부교감신경을 활성화하기 위해 한숨이라는 것을 쉰다. 한숨이란 들숨보다 2~2.5배 길게 날숨을 쉬는 것을 의미한다. 의도적으로 한숨을 쉬는 것은 스트레스 해소에 매우 큰 효과를 준다. 만약 진상고객을 만난 다음이나 과중한 업무 이후에는 조용히 휴게실에 가서 한숨을 5번 정도 쉬는 병원의 룰을 만들어보라. 정말이지 별 것 아닌 호흡에 마음이 편안해지는 것을 경험하게 될 것이다.

병원은 모든 직원이 함께 만들어가는 것이다. 직원이 행복해야 병원도 성장한다. 원장님은 끊임없이 직원들이 행복할 방법들을 찾아야 한다. 그러기 위해서 직원들의 욕구를 잘 파악하고, 스트레스를 적절히 잘 해소해주길 바란다.

시스템을 만드는 병원이
성공한다

　병원은 물적자원과 인적자원으로 이뤄져 있다. 개원을 준비하는 단계에서는 병원 건물, 인테리어, 의료장비와 같은 물적자원이 중요하리라 생각한다. 하지만 개원을 하자마자 깨닫는 것은 인적자원이 훨씬 중요하다는 것이다. 그렇다면 인적자원을 어떻게 조직하고 관리해야 할까? 어떻게 좋은 직원을 뽑고, 어떻게 하면 직원들이 행복과 만족을 느끼면서 우리 병원의 성장을 위해 열심히 일하게 할 수 있을까? 그것은 '시스템과 매뉴얼'을 만드는 것으로 가능하다.

　앞서 한번 말했지만, 시스템과 매뉴얼을 다른 말로 말하면 객관화, 서류화라고 말할 수 있다. 병원에서 하는 모든 활동을 객관화된 시스템으로 만들고 서류로 매뉴얼화하는 것이다. 그리고 그 시스템과 매뉴얼을 직원들 모두가 공유하고 알고 있는 환경을 만들면 된다. 모든 직원이 그것을 기준 삼아 일하고 또한 평가받는 병원을 만들어야 한다. 앞서 말한 채용, 의사소통, 교육에서도 우리 병원만의 규칙과 규정으로 이뤄진 각각의 시스템이 있어야 한다.

평가시스템

어느 병원이든 직원에 대한 불만은 없을 수가 없다. 원장님은 오너이고 직원은 그냥 월급 받는 만큼만 하는 종업원이기 때문이다. 그렇다고 잔소리를 하면 바뀔까? 계속 외부 교육만 한다고 변화될까? 아니다. 잔소리도 교육도 답이 아니다. 이때 해야 할 방법은 많이 있겠지만 궁극적으로는 병원의 평가시스템을 만들어야 한다. 수천 명이 넘는 회사들도 직원들이 일을 더 열심히 하게 하는 동기부여가 필요하다. 그것이 바로 평가시스템이다. 평가가 있다는 것은 강력한 동기부여가 된다. 직원 2~3명의 동네 의원에서 직원들을 평가하는 시스템을 어떻게 만드냐고 반문할 수 있다. 그런데 인원이 적으면 더 명확한 평가를 할 수 있고, 더 좋은 동기부여를 만들 수 있지 않을까?

직원이 4명인 이비인후과였다. 오전 진료가 8시 30분에 시작하는데 정말이지 1층에서 대기하다가 들어오는 것 마냥 8시 30분이 '땡' 해야만 병원에 출근한다. 그래서 원장님이 8시에 출근을 해서 병원을 열고 불을 켜고 아침을 준비한다. 뿐만 아니라 직원들은 고객 앞에서 한숨을 쉬고, 환자들이 대기의자에 앉아 있어도 데스크에서 휴대전화 게임을 했다. 그야말로 업무에 규정이 없다. 원장님의 리더십이 없어서 그런 걸까? 꼭 그렇지만은 아니다. 부정하고 싶겠지만, 요즘 많은 병원의 모습이다.

그 이비인후과 원장님은 내게 직원들을 모아 놓고 친절교육을 해 달라고 했다. 병원의 상황을 뻔히 아는 내가 가서 한 교육은 친절교육이 아니었다. 나는 병원의 그라운드 룰을 만드는 워크숍을 했다. 직원들 스스로 만든 그라운드 룰에는 근태나 환자를 대하는 당연한 태도에 대한 것들이 자연스레 담겼다. 아무리 업무태도가 나쁜 직원이라 해도 이렇게 워크숍을 통해서 생각해보라고 하면 정답을 말한다. 그렇게 만들어진 그라운드 룰을 가지고 평가 지표를 만들어 인센티브와 5아웃제를 적용하기로 했다. 그라운드 룰과 평가표는 직원들이 항상 보는 데스크 안쪽, 직원 휴게실에 붙여 놓았고, 스스로 체크할 수 있게 했다.

사람은 변하지 않지만, 환경이 사람을 바꾼다. 모든 청년이 군대에 가면 군대 생활을 하게 되고, 망나니 같던 학생도 신입사원이 되면 긴장하듯 말이다. 교육으로 사람을 바꾸려고 하지 말고, 환경을 바꿔야 한다. 평가시스템 환경을 만들어라.

마지막으로 시스템을 만드는 것은 생각보다 쉽다. 하지만 시스템을 운영하는 것은 생각보다 어렵다. 왜냐하면 운영의 핵심이 원장님에게 있기 때문이다. 시스템을 만들어 놓고, 원장님은 그대로 하지 않는다면 시스템은 무너져 버린다. 원장님이 불친절한 병원은 직원들도 불친절한 경우가 많다. 환자를 별로 감사히 여기지 않는 원장님과 함께 일하는 직원들은 환자들을 대하는 태도도 그렇게 나타난다. 직원은 원장님의 거울이다.

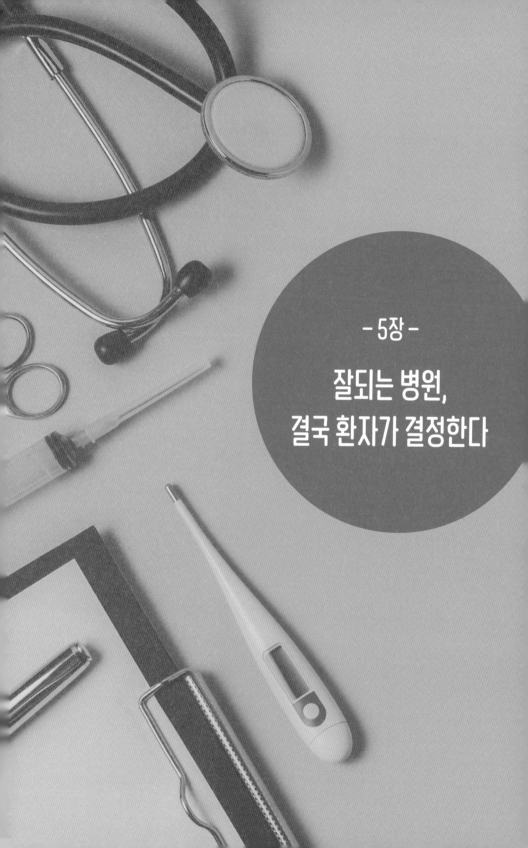

- 5장 -

잘되는 병원,
결국 환자가 결정한다

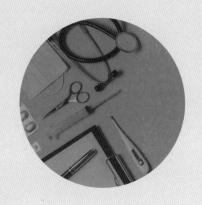

무엇이 병원을
다시 오고 싶게 만들까?

인천 남동구의 I내과는 개원한 지 17년 차다. 환자의 90% 이상이 당뇨, 고혈압 등 만성질환 환자들이다. 스스로 병원 간판을 보고 찾아오는 초진 환자는 사실 거의 없다. 초진 환자들은 대부분 지인의 소개를 받고 온 환자들이다. 놀라울 것도 없는 것이 밖에서 이 병원은 보면 이곳에 병원이 있나 싶을 정도로 자세히 봐야만 보이는 낡은 간판 한 개만 걸려 있다. 그러니 병원 간판을 보고 찾아 들어오는 초진 환자가 줄어든 지는 상당히 오래된 것 같다. 하지만 아침부터 저녁까지 환자가 끊기는 적이 없다. 이렇게 환자들이 넘쳐나니 간판을 새로 교체하자는 이야기할 필요가 없었다.

만성질환 관리를 잘한다는 입소문이 나서 이 지역뿐만 아니라 연수구나 부평구의 환자들까지 일부로 여기를 찾아온다. 이 원장님은 내분비나 순환기 전문의도 아니다. 그런데도 병원 데스크에서는 "원장님이 당뇨를 잘 보신다고 해서 누구의 소개를 받고 왔습니다"라고 말을 하는 환자가 정말 많다.

인천 연수구의 한 S일반 의원은 원장님 스스로 본인은 잡과라며, 이 지역 주민의 모든 병을 관리해줄 수 있는 주치의가 되고 싶다고 말한다. 그래서 꼼꼼한 진료라는 타이틀을 달고 환자들 집의 숟가락 하나까지 알고 있는 듯 자세한 질문과 질환 관리법들을 알려준다. 모든 병은 원인이 있는데 그 원인을 파악하기 위해서는 환자들과 끊임없이 대화해야 한다고 말한다.

피곤할 만도 한데, 오히려 이것을 즐긴다. 그러니 진료가 길어질 수밖에 없고 대기실에는 한 시간, 두 시간을 기다리는 환자들도 있는데 초진 환자가 아니라면 불평도 하지 않는다. 오히려 대기실에 앉아 원장님을 뵈려고 기다리던 내게, "원장님 정말 친절하지 않아요?"라고 말하는 어르신들이 계실 뿐이다.

인천 연수구의 S소아청소년과 의원은 2년 전에 망해가는 병원을 인수했다. 일 평균 진료환자가 20~30명이었던 소아청소년과를 인수해서 같은 자리에서 현재 일 130명의 진료를 매일 하고 있다. 입지는 중요하지 않았다. 세 자매를 둔 원장님이 마치 자기 아이처럼 정말 친절하고 자세하게 설명해준다는 소문이 지역 맘카페에 도배됐고, 망해가는 병원을 인수한 지 몇 개월 되지 않아서 일 100명이 넘는 환자들이 다시 찾아왔다.

앞의 3곳은 원장님의 진료를 경험하고 환자들이 입소문을 내면서 계속해서 병원이 잘되는 곳들이다. 나는 이 3곳의 병원을 아주 오랫동안 지켜봤다. 세 병원은 공통점이 있다. 원장님의 탁월한 진료 면담만으로 병원을 꾸며가는 곳이라는 것이다. 병원의 내부 환경 개선이나 홍보도 전혀 하지 않고, 심지어 직원들도 별로 친절하지 않다. 오로지 원장님의 진료 능력으로만 병원이 항상 잘된다.

동네 의원의 가장 강력한 무기는 '진료 면담'이다. 진료에 만족하면 그 환자는 그 병원을 다시 찾는다. 환자들은 친절하고 꼼꼼하게 설명을 잘해주는 진료를 기대한다.

하지만 의사의 성격과 성향에 따라서 개인적인 차이와 한계가 분명히 존재한다. 아무리 친절함을 연습해도 넘을 수 없는 벽이 있다. 이런 원장님의 병원은 성장을 포기해야 하는가? 아니다. 앞서 말한 것처럼 환자들은 동네 의원에 방문할 때 기대하는 기대치가 그렇게 높지 않다. 기대치가 높지 않기 때문에 만족을 주는 방법도 굉장히 다양하다.

그래서 이번 마지막 5장은 병원을 찾은 환자들이 병원에 만족하는 포인트들에 대해서 말하고자 한다. 그리고 덤으로 환자들에게 만족을 주면서도 병원의 추가 매출을 높일 방법들도 알려줄 것이다.

환자는
사소한 한 가지도 기억한다

환자들은 보이는 것만 믿는다. 명심하라. 병원의 좋은 소문을 낼 수 있는 자랑거리는 반드시 환자들이 볼 수 있게 보여줘야 한다. 그것은 잘난 척하는 것이 아니다. 병원을 찾은 환자들의 불안감을 낮춰주며 자신이 선택한 이 병원에 대한 믿음과 신뢰를 확고하게 다질 수 있는 근거를 주는 것이다.

경력이 화려한 병원

수원에 있는 J외과의원 대기실에는 원장님이 지금껏 해왔던 수많은 자랑거리를 진열해 놓은 진열장이 있다. 자랑거리라고 하면 노래자랑에서 받은 트로피나 미술작품 등을 이야기하는 것이 아니다. 원장님이 지금껏 의사로서 걸어온 길에 대한 자랑거리다. 의사를 가르쳤던 강의 사진이나 경력기록증들, 외국 학회에서 공부했던 자료들과 직접 저술한 논문들과 책들을 진열해 놓았다.

소독을 잘하는 병원

안산의 E내과의원 대기실에는 매스컴에서 의료기기의 소독 문제들에 관한 기사들을 공개하고, 우리 병원의 의료장비의 소독 시스템에 대해서 사진을 통해서 자세히 공개한다. 내시경 소독 평가에서 S등급을 받았으며 2차 감염으로 인한 걱정을 하지 않도록 하겠다는 메시지도 전달한다.

착한 병원

L병원 입구에는 다음과 같이 착한 병원을 표명하는 내용을 보여주고 있다.

'정직하게 환자를 치료하는 착한 병원이 되고 싶습니다. 그래서 과장된 광고나 마케팅에 들어가는 비용을 연구개발과 질 높은 의료품에 더 많이 투자하고 있습니다. 무분별한 가격할인으로 경쟁하지 않고, 더 높은 진료 수준과 치료 효과로 인정받는 착한 병원이 되겠습니다.'

사실 '아' 다르고 '어' 다른 것처럼 마케팅을 안 하는 것이 착한 것은 아닌데, 그것을 오히려 마케팅에 잘 사용한 것 같다.

나눔 기부

서울의 G안과는 환자들의 양안시력검사의 수치에 따라서 기부를 하는 캠페인을 한다. 시력이 1.0이 나오면 1,000원을 기부하는 것이다. 그래서 케냐에 있는 아이들에게 옥수수를 비롯한 식량과 안경을 매년 기부하고 있다. 병원 대기실에는 나눔 기부의 온도를 보여줌으로써 환자들의 참여로 또 다른 의미 있는 일에 동참하고 있다는 것을 인식시킨다.

이 밖에 환자들의 치료 전(Before) / 후(After) 사진을 대기실에 수시로 업데이트하는 병원도 많고, 원장님 자신이 예전에 경험했던 질병의 극복 스토리를 공개하는 병원도 있다. 직원들의 워크숍 사진을 보여주며 좋은 조직문화를 공유하는 병원도 있고, 환자들이 보내온 칭찬 메시지들을 가공해 보여주는 병원도 꽤 많다. 엑스레이실 앞에 '엑스레이 검사가 인체에 무해한 소량의 방사능만 나오지만, 그것마저도 지켜드리기 위해 납 조끼를 드린다'라는 병원도 있고, 호흡기 치료 장비 근처에 '우리 병원은 일회용 멸균 검사지를 사용하며, 검사 장비를 매일 멸균 소독하고 있습니다'라며 걱정을 덜어주는 병원도 있다.

이런 것들은 앞서 말한 것처럼 병원의 자랑과 동시에 환자들이 가지고 있는 불안감을 없애는 긍정적인 작용을 한다. 그러니 잘난 척하는 것 같아서 부끄럽다거나, 이런 것은 별것 아니라고 생각하지 말고, 할 수 있는 모든 것을 적극적으로 자랑하길 바란다. 생각해보라. 내가 다니고 있는 이 병원이 밖에서 인정받고, 공부도 열심히 하는 걸 싫어할 환자는 한 명도 없다.

추가로, 1장 '차별화'에서 말씀드린 것처럼 스토리를 담아서 자랑하라. 그러면 더 빠르게 효과적으로 입소문을 만들어낸다.

앞서 말씀드린 것은, 병원에서 자랑할 것은 의도적으로 환자들에게 보여주라고 했다. 왜냐하면, 환자들은 본 것만 믿기 때문이다. 반면 병원에서 의도치 않게 직접 경험한 것들도 역시 환자들은 기억하고 입소문을 만들어낸다. 어쩌면 이것이 본 것보다 더 중요할 수도 있다. 왜냐하면 자신이 경험한 것은 그 자체가 스토리이기 때문이다. 기억하라! 입소문은 스토리로 전해진다. 환자가 만족한 경험을 했다면 좋겠지만, 혹시 병원에서 불쾌한 경험을 했다면 그것은 굉장히 안 좋은 입소문을 만든다.

한 외과의원 대기실에서 원장님을 만나기 위해 기다리고 있었다. 그때 안내데스크에는 한 여성이 병원 직원과 대화를 하고 있었는데, 유독 그 직원의 목소리가 너무 컸다. 멀리 앉아 있었던 나는 그 직원의 소리를 다 들을 수 있었다.

"지금 유방 비대칭이 아주 심해요. 유방 비대칭은 선천적일 수도 있지만, 혹이 있어서 그럴 수도 있으니 검사를 받으셔야 해요."

물론 병원에서 충분히 할 수 있는 말이다. 하지만 그 외과는 치질을 주로 보는 외과이고 조용한 대기실에는 7명이 앉아 있었는데 4명은 남성이었다. 그 젊은 여성 고객은 얼마나 민망했을까? 그 환자는 대충 듣고 알겠다며 얼른 병원을 나갔다. 질병 역시 개인정보인데, 이런 개인정보는 상담실이나 검사실에서 따로 알려 줄 수 있는 시스템을 만들었다면 어땠을까?

또 다른 한 내과의원 안내데스크에서는 직원이 한 중년 여성분의 이름을 큰 소리로 부르면서 이렇게 말했다. "김은숙 님 혹시 개명하셨어요?" 그 말을 듣고 나는 환자분의 대답이 궁금했다. 김은숙 님은 "네"라고 말하면서 주변을 살짝 돌아보며 시선을 의식하고 있었다. 그때, 직원은 다시 큰 소리로 말했다. "개명해서 검색이 안 됩니다. 이전 이름이 뭐예요?" 그 소리가 어찌나 크던지 나까지 민망했다. 환자는 안내데스크 쪽으로 직접 가서 자신의 이전 이름을 직원에게 귓속말하듯 살짝 말하는데, 그런데 그걸 듣고 직원은 또 큰소리로 "김광년. 맞으세요?" 이러는 것이다. 와, 진짜 직원이 너무너무 얄미웠다. 본인의 이름이 싫어서 개명한 사람에게 저렇게 응대해야만 했을까? 처음부터 그냥 "김은숙 님 잠시 접수대로 와주시겠어요?" 하고 접수대에서 살짝 말했다면 어땠을까?

앞의 두 환자는 직원에게 좋지 않은 경험을 했다. 병원을 떠나지 않았을지는 모르지만, 주변 사람들에게 병원에 대한 좋은 입소문을 내지는 않을 것이다. 아마도 병원이 환자들에 대한 배려가 없다며 꽤 불쾌했다는 경험담을 들려줄 것이다.

원장님이나 직원이 환자들에게 "(한숨 쉬듯) 아…. 그러니까요." "하…" 이런 한숨을 한 번 쉬는 순간, 그 환자는 그 병원에 안 간다. 하지만 대기실에서 앉아 있다 보면 환자들 앞에서 한숨 쉬는 직원들이 정말 많다. 주의사항을 비롯한 여러 가지를 설명해주다 보면 못 알아들는 어르신들이 많다. 바쁜데 답답한 환자들도 많다. 이럴 때 직원의 한숨 한 번은 그 환자를 떠나게 한다. 특히 병원에 전화를 걸었는데 수화기 너머 들려오는 한숨 소리는 그 병원에 가지도 않고 병원을 떠나게 만든다.

이런 것을 경험한 환자들은 주변 사람들이 병원에 관해서 이야기 나왔을 때, "그 병원은 환자들을 굉장히 귀찮아하는 것 같아. 뭐 몇 가지만 물어보거나 못 알아들어도 아주 기분 나쁜 표정을 짓더라고 …." 이런 안 좋은 입소문을 퍼트리게 될 것이다.

불만고객 중 단 4%만이 직접 불만을 표현한다. 다시 말해 96%의 불만고객은 자신의 불만을 표현하지 않는다. 다만 병원 밖에서 좋지 않은 입소문을 퍼트리고 다닌다. 잘되는 병원의 특징 중의 하나는 좋은 입소문을 만들어내는 것도 있지만, 좋지 않은 입소문을 만들지 않는 것도 있다. 그러니 우리 병원의 자랑거리는 적극적으로 자랑하되, 하지 말아야 할 것들을 지켜서 환자들이 불만을 표시할 수 있는 것들은 없애도록 노력해야 한다.

요약해드리겠다.
1. 입소문 낼 수 있는 것은 무조건 자랑하라.
   자랑하지 않는 것을 겸손이라 생각하지 말고 무조건 자랑하라.
2. 불만을 일으키는 요소를 찾으려고 노력하라.

최고의 응대가 아니어도 괜찮다. 동네 의원을 찾는 환자들은 최고의 응대는 기대도 하지 않는다. 그러니 불만을 일으킬 수 있는 것들을 막을 수 있도록 매뉴얼을 만들어 실천하라.

대기 시간에 환자와 매출
모두를 잡는 방법

[비밀 11]

　병원의 서비스평가에서 환자의 불만족 1위는 수십 년 동안 항상 '대기 시간'이 차지했다. 예상 밖이라고 할 수도 있겠지만, 잘 생각해보면 이해가 된다. 의사의 실력이나 병원 자체의 불만족은 그냥 병원을 떠나버리면 된다. 하지만 대기 시간은 그 병원을 떠나지도 못하면서 그저 불만 사항만 된다. 그래서 그런지 원장님을 비롯한 병원 직원들은 대체로 대기 시간에 대해서 당연하게 생각하는 경향이 있다. 대기 시간이 싫다고 병원을 떠나는 사람은 별로 없기 때문이다.

　그런데 가만히 본인의 생활을 생각해보라. 호텔 로비에서 체크인 시간이 1시간 지연된다면? 식당에 가서 앉아 있는데 밥이 1시간이 지나도 나오지 않는다면? 짜증이 나지 않겠는가?

　그래서 병원 대기 시간을 줄일 방법을 찾아야 하고, 더 이상 줄일 수 없다면 대기 시간을 짧게 느낄 수 있는 방법을 끊임없이 고민해야 한다.

대기 심리학의 세계적인 권위자 데이비드 마이스터(David Maiser)는 대기 상태에서 고객이 느끼는 심리상태의 원칙을 8가지로 제시했다. 병원의 상황을 생각하며 다음의 원칙을 꼼꼼히 읽어보라.

1. 아무 일도 하지 않을 때의 대기가 더 길게 느껴진다.

    (아무것도 할 것 없는 병원 대기실에서의 대기 시간이 더 길게 느껴진다)

2. 구매하기 전의 대기가 더 길게 느껴진다.

    (수납 대기보다, 진료를 받기 전에 기다리는 대기 시간이 더 길게 느껴진다)

3. 근심은 대기를 더 길게 느끼게 한다.

    (모든 환자는 질환에 대한 근심이 있기에, 병원은 다른 서비스 업종보다 대기 시간이 더 길

    게 느껴진다)

4. 언제 서비스받을지 모른 채 기다리면 대기가 더 길게 느껴진다.

    (병원 직원이 대기 시간을 알려주지 않으면, 환자들의 대기 시간이 더 길게 느껴진다)

5. 대기의 원인을 알 수 없을 때 대기가 더 길게 느껴진다.

    (대기 환자가 없는데도 기다리게 되는 상황은 대기 시간을 더 길게 느끼게 한다)

6. 불공정한 대기는 더 길게 느껴진다.

    (병원을 예약했는데도 기다리거나, 기다리는 도중에 다른 사람이 먼저 들어가면 대기 시간

    이 더 길게 느껴진다)

7. 가치가 작을수록 대기가 더 길게 느껴진다.

    (중증 질병의 대기보다 가벼운 질병의 대기를 더 지루하게 생각한다)

8. 혼자 기다리면 대기가 더 길게 느껴진다.

    (병원 환자의 대부분은 혼자 찾아온다)

앞의 있는 대기상태의 고객 심리상태를 두 개의 분류로 나눌 수 있다. 하나는 '병원의 노력으로 바꿀 수 없는 것', 하나는 '병원의 노력으로 대기의 심리적 시간을 줄여줄 수 있는 것'이다.

| 병원의 노력으로 바꿀 수 없는 것 |

2. 구매하기 전의 대기가 더 길게 느껴진다.

3. 근심은 대기를 더 길게 느끼게 한다.

7. 가치가 적을수록 대기가 더 길게 느껴진다.

8. 혼자 기다리면 대기가 더 길게 느껴진다.

| 병원의 노력으로 줄일 수 있는 것 |

1. 아무 일도 하지 않을 때의 대기가 더 길게 느껴진다.

4. 언제 서비스받을지 모른 채 기다리면 대기가 더 길게 느껴진다.

5. 대기의 원인을 알 수 없을 때 대기가 더 길게 느껴진다.

6. 불공정한 대기는 더 길게 느껴진다.

병원의 노력으로 바꿀 수 없는 것은 환자들의 대기 심리가 이러하다는 사실만 기억하면 좋을 것 같다. 하지만 병원이 노력해서 절대적 시간이나, 심리적 시간을 줄일 수 있다면 적극적으로 적용해 봐야 하지 않을까?

우리 병원에 쉽게 적용할 수 있는 몇 가지 팁을 드리겠다.

첫 번째, 대기 시간을 알려줌으로써 심리적인 시간을 줄여줘라.

자신의 대기 시간을 예측만 할 수 있다 하더라도 대기 시간에 대한 불만이 획기적으로 줄어든다. 대부분 동네 의원에서는 접수한 뒤, 얼마 정도 기다려야 한다는 이야기를 잘 하지 않는다. 정확히 예측할 수 없기 때문이기도 하겠지만, 괜히 시간을 말했다가 그 시간이 넘어가면 환자들의 클레임이 더 심해지기 때문이다. 그럼에도 불구하고 환자들에게 예상 대기 시간을 말해주라. 환자 한 명당 평균 진료 시간과 검사 시간을 계산해서 평균 수치보다 10% 정도를 더 얹어서 접수할 때 대기 시간에 대한 안내를 해주는 것이다.

"현재 앞에 7명의 환자분이 대기 중입니다. 내시경 검사도 한 번 있어서 약 40분 정도 기다리셔야 할 것 같습니다."

이렇게 말하면 환자들은 40분이라는 심리적 압박감이 든다. 그래서 이 말과 동시에 이런 말을 같이 해줘야 한다.

"기다리시는 동안 정수기 옆에 있는 따뜻한 차를 한잔하시거나, 저 오른쪽에 마련한 건강정보 코너에서 건강정보들을 얻으면서 보내셔도 좋을 것 같습니다."

이렇게 대기 시간 안내와 그 대기 시간을 활용해서 무엇을 할 수 있는지를 설명해주면 심리적 시간이 확 줄어든다. 내가 기다리면서 할 것이 생겼기 때문이다.

이 두 번째 말을 할 수 있도록 병원은 준비해야 한다. 어떤 병원은 이 시간을 편안하게 안마의자에서 보낼 수 있게 해주는가 하면 3대의 컴퓨터와 3대의 오디오와 헤드폰을 놓고 인터넷 서핑을 하거나 음악을 들을 수 있게 해주는 병원도 있다. 우리 병원도 이 대기 시간 동안 환자가 무엇인가를 할 수 있는 것을 꼭 찾아야 한다.

두 번째, 대기 시간을 활용해서 매출을 높이자.

사실 적당한 대기 시간은 병원으로서 매출을 높일 굉장한 기회의 시간이다. 환자들이 기다릴 수밖에 없는 이 시간에 대기 시간의 불만도 줄이면서 매출도 높일 수 있다면 하지 않을 이유가 전혀 없다. 진료 대기실에 남는 공간이 있는가? 아니면 할애할 수 있는 벽면이 있는가? 그럼 그곳에 '건강정보를 전해주는 코너'를 만들어라.

병원 대부분에 대기 시간에 볼 수 있는 TV는 설치되어 있을 것이다. 그 TV 이외에 건강정보와 병원을 비급여 상품을 광고할 수 있는 광고 전용 TV를 하나 더 설치하라. TV를 설치하는 것이 조금 부담스럽거나 공간이 마땅하지 않다면, 아날로그식으로 벽면에 게시판을 설치하라. 그리고 그 플랫폼에 건강정보와 병원 매출에 도움이 되는 자료를 넣는 것이다.

원장님이 스스로 파워포인트나 프리미어프로와 같은 프로그램을 이용해 직접 자료를 만들 수 있다면 정말 좋겠지만, 그런 편집기술을 일반화해서 여기에 쓰기에는 무리가 있으니 그것은 패스하겠다.

그럼 유튜브를 이용하라. 유튜브에 접속해서 질병이나 검사에 대한 키워드를 검색하면 수많은 영상 자료들이 나온다. 그중에서 3차 병원에서 만든 영상 자료를 내려받아 원내에 틀어주라. 그중에서도 인포그래픽으로 만든 자료를 내려받으면 더 좋다. 3차 병원에서 만든 인포그래픽 영상들은 굉장히 많은 비용을 들여서 만든 고 퀄리티의 건강정보 자료다. 이런 자료를 원내에 틀어주는 것은 환자들이 거부감 없이 편하게 건강정보를 접할 기회를 주는 것이다.

TV를 달 수 없다면, 여러 병원 블로그들을 통해 건강 자료를 수집하고, 또는 원장님이 직접 환자들에게 전하는 메시지들을 정리해서 출력물을 부착해 놓으면 된다. 이때는 거래하고 있는 제약회사 직원 중에서 이러한 프로그램을 잘 다루는 직원 한 명에게 주어진 내용을 편집해서 출력해달라고 부탁하시면 된다. 그리고 그 제약회사 직원이 담당하는 의약품을 조금 도와주시라. 그럼 서로 기쁜 마음으로 이 일이 지속될 것이다.

만약 이도 저도 못 하시겠다면, 비용을 지불하고 제작하는 것도 추천한다. '크몽'이라는 사이트에 들어가셔서 '병원 영상 제작' 또는 '인포그래픽' 이런 식으로 검색하면 많은 프리랜서를 찾을 수 있는데, 그중에서 비용이 합리적인 사람과 이야기하시면서 자료를 만드시면 된다. 우리 병원에서 보여줄 자료이기 때문에 너무 고 퀄리티가 아니어도 된다. 그냥 원장님이 준비한 자료를 영상 찍어 보내면 자막을 입히고 편집해주는 수준이면 되고, 정해진 건강정보를 신문 기사처럼 출력물을 만들 수 있을 정도면 충분하다.

여기서 더 중요한 것은 건강정보라고 붙여 놓은 자료를 1년 2년 그대로 두면 안 된다는 것이다. 영상자료는 적어도 1년에 한 번, 출력 자료는 3개월에 한 번씩 업데이트할 수 있어야 한다. 그래야 이 병원이 끊임없이 무엇인가를 하는구나라는 생각을 들게 한다.

그러면 어떤 자료를 넣어야 하는가?

예를 들어 병원에서 초음파 검사를 더 늘리고 싶다고 하자. 그러면 초음파로 발견할 수 있는 질병에 관해서 설명하고 그 질병의 증상과 예방에 대해서 건강정보로 자세히 다룬다. 그리고 초음파 검사에 관해서 설명하고 어떤 사람들이 받아야 하는지, 언제 어떻게 받으면 되는지에 대해서 설명한다.

마찬가지로 병원에서 강조하고 싶은 아토피 치료나 체외충격파와 같은 진료 항목이나 알레르기검사, 혈액종합검사, 치매검사와 같은 검사 항목, 대상포진백신, 폐렴백신, 비타민D와 같은 예방 항목들도 이런 식으로 홍보를 해야 한다.

아무것도 하지 않고 환자들이 다른 곳에서 듣고 와서 병원에 문의하기를 바라는 건 정말 바보 같은 행동이다. 환자들도 정보를 얻어서 좋고 병원 매출에도 도움 되는 항목들을 광고하는 것은 굉장히 현명한 것이다.

사실 이 부분은 원장님이 직접 하기가 조금 어려운 것이 사실이다. 이 책의 이 부분을 쓰면서 내 머릿속에 떠오르는 수많은 원장님이 '이것을 직접 할 수 있을까?' 생각해보면 쉽지 않다는 생각이 든다. 하지만 환자 대기 공간은 그냥 두기 너무 아까운 공간이다. 돈을 조금 쓰자. 원내에 TV를 하나 더 달고, 안에 넣을 자료는 외부에서 제작하시라. 그러면 추가 매출을 통해 사용한 비용은 금방 회수할 수 있을 것이다.

환자의 손에
이것을 들고 가게 하라

[비밀 12]

얼마 전 순천에 사시는 외삼촌 댁에 놀러 갔을 때, 냉장고에 붙어 있던 A4용지를 가리키며 외숙모에게 여쭤봤다.

"외숙모! 혹시 이 종이는 병원에서 원장님이 직접 적어 주신 건가요?"

"응, 맞아. 박 서방, 검사하고 결과 볼 때 그렇게 적어주면서 설명해주더라고."

병원에서 대장내시경 검사를 한 뒤에 원장님이 검사결과를 설명해주면서 적어준 종이였다.

그 A4용지에는 이렇게 적혀 있었다.

현재 골다공증 검사상 정상 소견입니다.

대장내시경

다섯 개의 폴립 제거

다섯 개 중 4개가 저도선종

→ 2년 후에 대장내시경 하세요.

미역, 다시마, 톳 : 많이 드세요.

저지방 식이 하세요.

위내시경

위축성 위염 → 위내시경 매년 하세요.

싱겁게 드세요.

우측 신장(=콩팥) 결석 2개

정말 별거 아닌 내용이다. 그리고 이 짧은 내용에도 매우 많은 의학용어(폴립, 선종, 위축성, 결석 등)가 들어 있다.

하지만 내가 말하고 싶은 것은 내용이 별거 없다거나, 의학용어가 너무 많다는 걸 말하려는 것이 아니다. 별거 없는 내용의 저 종이를 집 냉장고에 붙여 놨다는 것을 이야기하고 싶다.

환자에게 검사결과를 설명해 줄 때, 보통 이 정도 내용은 설명해 주시지 않을까 생각된다. 하지만 원장님이 이 내용을 검사결과 화면을 보면서 말로만 설명해주면 환자가 기억할 수 있을까? 아니 절대로 기억하지 못한다. 아니면 검사 결과지에 적어주면 나중에 그 종이를 찾아볼까? 그것도 아니다. 하지만 흥미로운 것은 설명하면서 동시에 이렇게 다른 종이에 적어주면, 그 종이를 받은 환자들은 버리지 않고 집까지 가져가서 저렇게 냉장고에 붙여 놓기도 한다는 것이다. 만약 주의해야 할 사항이나 추천하는 음식 같은 것을 더 많이 적어준다면 그것을 보관할 가능성은 더 커질 것이다. 마치 원장님이 나를 위해서만 특별히 내려준 처방전 같은 느낌이니 말이다.

이렇게 병원 진료를 온 환자들이 돌아가면서 무엇인가 손에 가져 갈 수 있는 것이 있다면 그 병원을 오랫동안 환자들에게 기억되게 된다. 그래서 손에 쥐어 갈 수 있는 몇 가지 방법을 전해주겠다.

1. 포스트잇

모든 환자에게 위에서 말한 저렇게 큰 A4용지를 가득 채워서 설명해줄 순 없다. 그래서 포스트잇을 추천한다. 환자에게 설명해주면서 주의사항이나 권고사항을 포스트잇에 적어서 주는 것이다. 아주 간단하게는 주의해야 할 음식, 추천하는 음식이나 운동, 약 먹는 간격, 급히 병원에 와야 하는 기준 등을 적어주면 된다. 이렇게 간단하게 포스트잇에 적으면서 설명하고 이를 환자분에게 준다면 환자는 그 별거 아닌 종이를 받으면서도 의사에게 무엇인가 받은 것 같은 느낌을 들게 된다. 그리고 종이에 적으면서 설명하는 것은 설득 면에서도 굉장히 유용한 방법으로 여겨진다.

2. 환자 교육 자료 출력물

서울 강서구의 J내과는 초진 환자에게는 설명해주는 특별한 출력물이 있다. 당뇨, 고혈압, 고지혈증, 역류성식도염, 과민성대장증후군, 골다공증, 대상포진, 알레르기비염 등 14개의 각 질환에 대해서

A4용지 한 장에 설명이 들어 있는 자료이다.

그래서 만약 골다공증을 처음 진단받는 환자들에게는 골다공증 종이를 꺼내서 '골다공증은 무엇인지?' '언제 진단이 되는지?' '증상은 무엇이고?' '치료는 어떻게 해야 하는지?' 등 환자들에게 자료를 보면서 설명해주고 그 자료를 집에 가지고 갈 수 있도록 주는 것이다.

이렇게 하면 각 질환을 처음 진단받는 환자들에게 꼭 전해줘야 할 내용을 놓치지 않을 수 있다. 또한 환자 입장에서는 원장님이 전해주는 내용을 더 잘 기억할 수 있게 된다. 그날의 상황과 기분에 따라서 같은 질병을 다르게 설명하고 계시지는 않는가? 꼭 전해줘야 하는 내용을 전해주지 못했다는 생각을 한 적은 없는가? 무엇보다 우리 병원에서 처음 진단받고 관리받는 환자들이 뭔가 꼼꼼한 병원이라는 느낌을 주고 싶지 않은가? 그렇다면 한번 질환별로 환자 교육 자료를 만들어보라.

➕ 플러스 팁 ➕

앞의 첫 번째, 두 번째에서 말씀드린 '포스트잇과 환자 교육 자료'만을 가지고 사업을 하는 회사가 있다. 아이쿱클리닉이라는 회사다. 이 회사는 다양한 환자 교육 자료를 만들어놓고, 스마트패드에서 글씨를 쓰며 설명하면 그것을 이미지화해서 환자 스마트폰으로 전송하는 서비스를 제공한다. 디지털기기에 익숙한 환자들에게 더 질 높은 설명 자료를 제공하고 싶은 원장님께서는 이 서비스를 이용해보시는 것도 좋을 것 같다.

개인적으로는 휴대전화 전송보다는 이 회사의 서비스에서 출력도 가능하니 출력해서 환자들의 손에 쥐여 주는 것을 더 추천한다.

3. 목표 달성 시 병원에서 주는 선물

금연치료에 성공했거나, 골절치료가 끝났거나, 목표 혈당에 도달했거나, 혈압관리를 6개월간 잘했거나, 치과 교정치료를 끝냈을 때 병원에서 그 환자에게 주는 선물이 있다면 환자들은 정말 감동할 것이다.

한동안 치과에서 히트했던 선물 이벤트가 있다. 2~3년의 교정치료가 끝나면 그동안 치과에서 찍었던 치아 사진들을 앨범으로 만들어주는 것이다. 그 후에 많은 치과에서 이를 벤치마킹 하고 있다. 그래서 어쩌면 요즘 치과에서는 조금 식상한 선물이 된 것 같기도 하다. 그렇다면 그 앨범과 더불어 작은 꽃다발과 함께 원장님이 직접 손편지를 써주면 어떨까? 요즘같이 병원의 후기 하나가 중요한 마케팅인 이때, 환자들이 직접 후기를 남길 수밖에 없는 소중한 선물이 되지 않을까 싶다.

일반 급여과 의원에서도 환자들이 감동할 만한 이벤트들을 만들면 정말 좋다. 물론 일반 내과에서 당뇨 목표 혈당에 도달했다고 손편지를 써줄 수는 없다. 하지만 고급 사탕을 포장해서 목표 혈당에 도달한 환자들에게 칭찬과 함께 준다거나, 금연치료에 성공한 환자들에게 상장을 만들어 주는 이벤트를 해도 환자들은 무척 기분 좋아할 것이다.

앞서 말한 방법들이 별것 아니라고 생각할 수도 있고, 귀찮다고 생각할 수도 있다. 하지만 분명한 것은 병원을 찾은 환자들이 손에 무엇인가를 쥐어 돌아가게 하는 것은 그 자체가 병원을 기억하게 하는 아주 좋은 마케팅이라는 것이다.

불만 환자를
어떻게 관리하는가?

천안의 한 정형외과에서 원장님을 뵈려고 대기하고 있을 때였다. 50세 후반 정도로 보이는 환자 한 명이 진료실에서 나와 수납을 하려고 기다리면서 같이 온 딸에게 불만을 이야기하듯 중얼거렸다. 그때 안내데스크에서 직원이 나와 그 환자에게 가까이 가더니 이렇게 말하는 것이 아닌가?

"저 김한수 님, 제가 일부로 들으려고 한 건 아닌데요. 살짝 내용이 들려서요. 혹시 오늘 진료받으시면서 불편하신 점이 있으셨나요?" 나는 지금까지 보험과 동네 의원에서 이렇게 먼저 가서 응대해 주는 직원을 본 적이 없다.

"어…? 아니! 제대로 진찰을 해야지. 제대로 보지도 않고 저번에 엑스레이 다 찍었는데 또 찍자고 하고, 아픈 사람이 이야기하면 제대로 들어주고 어디가 잘 못된 것인지를 정확히 판단해야지. 그렇게 하면 안 돼!" 이렇게 뭔가 진료에 불만이 가득한 것을 느낄 수 있었다. 환자가 말하는 동안 그 직원은 죄송하다는 표정으로 고개를 끄덕이며 "아…… 그러셨구나!"라는 말만 하면서 들어주었다. 그리고 환자가 말이 끝나니 이렇게 말했다.

"아이고…. 충분히 그렇게 느끼셨을 수 있겠네요. 원장님이 분명 다른 진료 의도가 있으셔서 그러셨을 것 같은데, 불편함이 있으셨다니, 먼저 너무 죄송합니다."

"아니에요. 왜 그쪽이 죄송해요. 됐어요."

"아시다시피 저희 원장님이 꼼꼼하게 진료하는 거로 이 지역에서 유명하시잖아요. 오늘 분명 다른 의도가 있으셨을 거예요. 다음에 방문하셨을 때, 오늘 제게 말씀해주신 것을 원장님께도 꼭 말씀해주세요. 그러면 이유를 잘 설명해주실 겁니다. 오늘 몸도 불편하셨을 텐데, 기분 푸세요."

딸 같은 간호사가 이렇게 말해주니, 그 환자는 더 이상 화를 내며 말하지 않았다. 나는 원장님을 뵙는 동안 대기실에서 있었던 일을 원장님께 전해드리며 직원 칭찬을 했다. 사실 이런 직원이 한 명만 있어도 병원 성장에 큰 도움이 된다.

아무리 서비스를 완벽하게 하고자 노력해도 불만고객은 있을 수밖에 없다. 고객의 성향과 니즈가 모두 다르기 때문이다. 지난 11년간 수백 곳의 병원에서 매일 살다시피 하다 보니 정말 많은 불만 환자들의 모습을 봤다. 하지만 너무 안타까운 것은 병원의 대응이 너무 부족했다는 것이다.

세상의 어느 사람도 나에게 불만을 표출하는 것을 기뻐하는 사람은 없다. 하지만 병원을 경영하고 있는 원장님이라면, 다음 표를 보라. 생각이 달라질 것이다.

불만고객 유형에 따른 재구매 의향률	비율
불만 사항이 있지만 표현하지 않는 고객	9%
불만 해결 결과와 상관없이 불만을 표현한 고객	19%
불만을 표현하고, 문제가 잘 해결된 고객	54%
불만을 표현하고, 문제가 신속히 잘 해결된 고객	82%

불만을 느끼고 있는 환자들의 대부분은 불만을 표현하지 않고 그냥 병원을 떠나버린다. 그러면 병원에서는 그 환자가 불만이 있었는지를 판단한 근거가 없다. 하지만 불만을 직접 표현한 고객은 그 표현한 자체만으로도 재방문율이 올라갔을 뿐만 아니라, 불만이 해결되면 충성고객으로까지 전환이 된다는 것이다. 이게 정말 놀랍지 않은가? 불만을 표현한 고객의 불만을 해결해주면 충성고객이 된다니 말이다.

앞의 천안의 정형외과 사례를 돌아보자. 환자의 불만을 직원이 누그러뜨려주긴 했지만 안타깝게도 원장님에 대한 핵심 불만은 아직 해결되지 않았다. 그건 앞의 9~19%에 해당하는 것이다. 만약 원장님이 불만 환자의 로직을 알고 계시거나, 병원 성장에 세심하게 관심 있는 분이라면, 점심시간이나 진료 마치는 시간을 활용해서 그분에게 전화해야 한다. 중요한 것은 오늘을 넘기면 안 된다. 신속함이 중요하다. 그분에게 전화해서 오늘 직원에게 이러한 말을 들었는데, 오해가 있었다면 죄송하다고. 환자분의 상태를 이렇게 판단을 하고, 말씀드렸던 거라고 전화를 주라. 그 환자는 그 전화 한 통화에 더 이상 병원에 대한 불만을 이야기하지 않을 것이다. 그리고 앞의 표에서 본 것처럼 82%의 재방문을 하는 충성 환자가 될 것이다. 놀랍지 않은가? 굉장히 단순하지만, 병원에서는 잘 지켜지지 않는다.

불만을 표출하는 고객들을 보면서 "저 사람 뭐야? 다른 사람은 아무 말 안 하는데 저 사람만 왜 저래?"라고 생각한다면, 그 병원은 곧 점점 환자가 줄어들 것이다. 불만 사항들을 정리하고 어떤 사항들이 반복되는지를 파악하라. 만약 '병원 위치, 예약, 덥다, 불편하다' 이런 환경적인 걸로 불만이 나온다면 이것은 직원이 친절하게 그 환자의 기분만 응대해주면 그 환자는 병원을 떠나지 않는다. 오히려 자신의 마음을 알아준 그 직원에게 고마워하고 그 병원을 더 찾을 확률이 높다. 그리고 주변 사람들에게 말하기를 "거기 병원 위치는 별론데, 엄청 친절해. 원장님 진료도 괜찮고." 이렇게 말할 가능성이 커진다.

그러나 불만의 사항이 '원장의 불친절, 원장의 불성실, 진료의 불신뢰' 등 원장님과 진료의 본질에 대한 것들이 나온다면 그 환자는 직원이 어떤 응대를 해줘도 그 병원을 떠난다.

하지만 진짜 문제는 따로 있다. 그것은 환자가 진료실에서 즉 원장님 앞에서는 진료의 불만족을 말하지 않는다는 것이다. 대부분 불만 환자들은 진료실 문밖에 나오자마자, 데스크에서 수납하면서 그 불만을 말하기 시작한다. 그래서 데스크 직원이 불만 환자의 기분을 맞춰주지는 못하더라도, 그 불만 사항을 잘 체크해서 반드시 원장님께 전해줘야 한다. 그렇지 않으면 원장님은 알지 못하기 때문이다. 데스크 직원 중에서 가족이 있으면 이 점에 있어서 아주 좋다. 하지만 대부분 그렇지 않으니 환자의 불만은 반드시 체크해서 원장님께 전달하는 시스템을 만들어야 한다. 그리고 원장님은 어렵겠지만 그 전달 내용을 보고 기분이 별로 안 좋은 티를 내거나, 무관심해 하면 안 된다. 오히려 그것을 알려준 직원을 칭찬하고 고마워할 수 있어야 한다. 그것이 병원을 성장시키는 일이기 때문이다.

이번 장에서는 불만 환자에 대해서 이야기했다.

불만 환자는 오히려 병원의 충성고객이 될 수 있다. 그 기회를 잡기 위해, 딱! 두 가지만 실천하자.

불만 환자 응대 매뉴얼을 만들자.
불만 환자의 내용을 원장님께 전달하는 시스템을 만들자.

만족한 직원이
환자를 만족하게 한다

　동네 병원의 승패는 입소문에서 결정된다. 이것을 인정하지 않는 동네 의사는 아무도 없을 것이다. 병원 내에서 좋은 입소문을 만들어내고 싶다면 누가 만들 수 있을까? 바로 직원이 만들 수 있다. 직원이 만드는 입소문은 누구도 뭐라 하지 않는다. 장사꾼이라고도 하지 않는다.

　이런 긍정적인 입소문은 만족한 직원들만 할 수 있다. 그리고 병원에 대한 직원의 만족함은, 절대로 교육으로 만들어질 수 없다. 심지어 단순히 월급을 많이 받아서 만족한 직원들은 그런 입소문을 만들어내지 않는다. 앞서 4장에서 말한 조직 관리의 시스템으로도 직원이 병원에 대한 좋은 입소문을 만들어 낼 수는 없다. 원장님으로부터 감정적으로 감동하고, 원장님을 인격적으로 존경할 때 그런 입소문을 만들어낸다.

어느 날 만수동의 한 내과 대기실에서 원장님을 뵈려고 기다리던 중에 접수데스크의 여직원 두 명이 속닥거리는 소리가 들렸다.

"서창동 사는데 여길 왜 왔지? 나라면 이 바로 옆에 살아도 여긴 안 오겠다."

"서창동에 이번에 내과 새로 생겼다던 거기에 가지 여길 왜 와?"

처음엔 내 귀를 의심했다. 그 서창동에서 온 환자는 내 옆에 나란히 앉아서 대기 중이었다.

'이 환자도 분명 들었을 텐데….' 내 등 뒤로 식은땀이 나는 것 같았다.

반면 간석동의 한 의원에는 환자들에게 원장님 자랑을 입에 닳도록 하는 직원들이 있다.

"우리 원장님은 자녀가 넷이나 돼요. 아이들을 정말 좋아하셔서 진짜 꼼꼼히 봐주셔요."

여기는 소아청소년과도 아니다. 그런데 그 병원은 소아부터 만성질환 노인환자까지 아침부터 저녁까지 환자가 넘쳐난다. 그런데 이 바쁜 병원에서도 데스크에서는 직원들이 불만 없이 원장님 칭찬을 그렇게 많이 한다.

"우리 원장님은 청진기만 대보셔도 무슨 병인지 바로 알아요. 며칠 전에 배가 조금 아프다고 온 환자를 청진기만 대보고 구급차 불러서 응급실 가서 살았다니까요. 원장님도 구급차 타고 같이 갔다 오셨어요. 아마 그 환자는 그날 원장님 안 만났으면 진짜 잘못됐을 수도 있어요."

나한테 하는 말도 아닌데, 대기실 끝자리까지 들리는 그 칭찬 소리는 마치 원장님을 우리나라 몇 안 되는 명의를 소개해주는 것 같은 느낌이 들었다. 그런데 거부감이 전혀 들지 않는다. 데스크에 있는 직원 3명이 한 목소리로 그러니, 이거 참 어떤 의심을 하기도 난감할 정도이다.

병원은 대부분 여성으로 구성된 특수한 조직이다. 여성들은 대체로 굉장히 섬세하다. 사람의 감정을 잘 읽는다. 그래서 원장님이 자신들을 어떻게 생각하는지를 금방 파악한다. 그렇기 때문에 특별히 한 명의 직원을 편애하는 것은 다른 직원들 전체를 못 해주는 것보다 더 안 좋은 역효과를 불러온다. 그러니 원장님은 직원들과 거리를 둔 채 앞서 4장에 말씀드린 시스템과 매뉴얼로 직원들을 대해야 한다. 하지만 그럼에도 불구하고 마음은 항상 직원을 존중하고 같이 일해준다는 감사함을 가지고 있어야 한다. 너무 추상적으로 다가올 수 있겠지만 원장님이 직원을 소중히 여기는 이 마음이 전달되면 여성 직원들은 그것을 금방 알아챈다. 그리고 그것은 반드시 행동으로 표출된다.

그런데 무뚝뚝한 많은 원장님은, 그 마음을 표현하는 방법을 잘 모른다. 사실 아주 사소한 것들을 챙겨주는 것만으로도 그 마음을 잘 전달할 수 있는데 말이다. 다음은 전부가 될 수는 없지만, 무뚝뚝한 남성 원장님이 여성 직원들을 대하는 아주 기본적이고 구체적인 실천 행동들을 몇 가지 알려주겠다.

인사

구체적으로 말하면, 나가고 들어갈 때 직원들에게 인사하는 것이다. 출근, 퇴근, 점심 외출, 화장실 등 직원들만 원장님에게 인사하는 것이 아니다. 원장님의 상황을 항상 예의주시하는 직원들에게 원장님이 어디를 가고 오는지 정확히 말해줘야 한다. 아침에 출근해서 직원들에게 아침 인사도 없이 진료실에 들어가는 원장님도 있다. 점심 시간에 밖으로 점심을 먹으러 나가면서 직원들에게 인사도 없이 나가는 원장님은 뭐 흔하디흔하다. 진료실에만 있는 원장님은 직원들과 인사할 수 있는 시간이 이때밖에 없다. 이때조차 '반갑게' 인사하지 않는다는 것은 원장님의 기본이 안 되어 있다는 것이다. 단, 인사할 때는 항상 반갑게 해야 한다. 몸이 피곤하고, 특별히 좋은 일이 없더라도 병원 경영을 함께 해주는 직원들에게 기쁘고 고맙게 인사하라.

선물

선물이라고 해서 명품백을 이야기하는 것이 아니다. 누군가의 애정이 있다고 하면 무엇인가 주고 싶은 것은 당연하다. 병원 밖에 있는 시간에 병원의 직원을 생각했다는 것은 그 자체로 고마운 마음이 전달된다. 아주 큰 선물을 주라는 것이 아니다. 해외든 국내든 여행을 다녀오면 우리 직원들 생각이 났다면서 그곳의 특산물을 선물로 사오라. 사소한 핸드크림, 휴족파스, 공갈빵, 초콜릿 뭐든 좋다. 병원을 떠나서도 직원을 생각한다는 마음만 전달되면 된다. 단 앞서 2

장에서 설명한 것처럼 아주 사소한 선물이라 할지라도 특정 직원에게만 주지 않도록 하자. 공평하게 모든 직원에게 주어야 한다. 지난 1~2년 동안 직원들에게 명절 보너스나 상품권 이외에 아주 작은 선물 한 번 주지 않는 원장님은 조직의 리더로 정말 센스가 없는 사람이다.

간식

기간과 시간을 딱 정해 놓지 말고, 한 달에 두 번쯤은 직원들에게 간식을 사라. 점심 식사한 후 나른한 시간에 직원들에게 달콤한 커피 한잔은 굉장히 고마운 선물이 된다. 제약회사 영업사원이 준 간식들까지 바리바리 챙겨서 집으로 가지고 가거나, 밖에서 식사 후에 자신의 음료만 사서 진료실로 들어가는 의사들을 볼 때면 직원들은 굉장히 야박하다는 생각이 들 수밖에 없다. 단, 매주 수요일, 둘째 주 목요일 이런 식으로 날을 잡아놓으면 그냥 그것은 형식적인 복지가 되어버린다. 그렇게 날을 잡지 말고, 원장님의 판단에 한 2~3주에 한 번씩 직원들에게 원하는 간식이 무엇인지 물어서 한 번씩 산다면 사소한 것으로 많은 점수를 딸 수 있다.

칭찬

칭찬을 가장 극대화할 방법은 다른 사람을 통해 듣게 되는 칭찬이다. 예를 들어 물리치료사가 환자에게 "원장님이 그러시던데 우리나라에서 가장 훌륭한 물리치료사라고 칭찬하더라고요." 이런 이야기를 들었다고 하자 어깨가 으쓱하면서 뭔가 원장님한테 좋은 감정이 쌓이지 않을까? 환자들에게 직원에 관해 이야기할 수 있게 되면 직원을 칭찬하라. 그 칭찬은 직원들에게 전달되고, 직원들은 원장님에 대한 신뢰가 더 쌓일 것이다. 무엇보다 중요한 건 진심이 없으면 소용없다. 항상 좋은 면을 보고자 노력하라.

내과가 4개나 있는 사거리에서 가장 오래되고, 가장 많은 환자를 보고 있는 내과를 경영하는 원장님께 노하우가 무엇인지를 여쭤봤다. 병원 바로 옆뿐만 아니고 근처에 정형외과 내과를 비롯해 경쟁 병원들이 너무 많은데, "왜 유독, 원장님 병원에만 환자가 끊이지 않는 걸까요? 노하우가 뭔가요?" 그때 원장님이 이렇게 말했다. "우리 병원 5명의 직원은 전부 15년 이상 됐어요. 저는 아무것도 한 것이 없고, 직원들이 다 했다고 볼 수 있지요." 그 말을 듣고 전율을 느꼈다. 동네 의원에서 이런 말을 하는 원장님은 처음 만나봤다. 오너가 이런 마인드로 직원들을 생각하고 칭찬하니, 직원들이 환자들에게 잘할 수밖에 없는 것이다.

앞의 4가지 팁은 오늘부터 당장 적용하라.
결국 만족한 직원이 환자를 만족하게 하는 것이다.

잘되는 병원,
결국 환자가 결정한다

최고의 입지, 엘리트 의료진, 첨단 의료장비. 이 모든 것을 갖췄다해도, 환자가 없으면 소용없다. 결국 '잘되는 병원은 환자가 결정'한다. 환자들은 어떤 병원을 선택할까?

첫 번째는 좋은 소문을 들은 병원을 선택한다.

환자들은 병원을 선택할 때 인터넷 검색이든, 주변 지인에게 추천을 받았든 상관없이 좋은 소문을 들을 병원을 선택한다. 병원에서의 '좋은'이란 무엇일까? '신뢰, 실력, 안전…' 뭐든 좋다. 어떤 가치가더 좋은 소문인지는 중요하지 않다. 우리 병원의 좋은 소문이라고할 수 있는 그 소문을 환자들이 접할 수 있게 해주는 것이 더 중요하다.

그래서 환자들이 우리 병원을 알게 될 수 있는 모든 통로에 우리병원의 좋은 소문을 알려야 한다. 그것이 인터넷상의 홈페이지, 블로그, 유튜브, SNS, 뉴스기사 등일 수도 있고 오프라인의 간판, 현수막, 공공 광고일 수도 있다.

하지만 동네 의원에서 비싼 광고비를 지출하면서 온, 오프라인 광고를 할 수는 없다. 그래서 거의 무료로 할 수 있는 그렇지만 효과 좋은 온라인 오프라인 홍보, 마케팅 방법들을 2장에서 알려주었다.

- 온라인

  네이버 플레이스, 병원 찾기 앱, 영수증 리뷰, 모두 홈페이지

- 오프라인

  간판 바꾸는 법, 포스터 배너 활용법, 원내 교육 강의, 원장님 영업방법

- 원내 홍보

  원내 동영상, 포스터 제작 방법, 신뢰를 주는 게시물들

많은 동네의원이 정말 '간판' 하나만 믿고 장사를 하고 있다. 정말 그 자체도 대단하다고 생각한다. 하지만 모든 장사와 사업이 그렇듯 내 존재와 내 강점을 알려야 고객들이 찾아온다. 앞의 방법들은 거의 무료이니 그곳에 꼭 병원의 가치와 강점을 전달해서 환자들의 선택을 받길 바란다.

두 번째는 스스로 경험하고 인정한 병원을 선택한다.

좋은 소문을 듣고 병원에 내원했을 때, 그 소문이 맞다고 스스로 인정하게 해야 한다. 어떻게 병원을 찾게 되었든 상관없이, 병원에서 진료를 받는 과정에서 자신이 기대한 기댓값보다 더 높은 만족을 경험하게 해야 한다. 그래서 환자들이 경험하는 모든 동선에서 우리 병원의 가치와 신뢰감을 어떻게 느끼게 할지 고민해야 한다.

핵심은 진료다. 동네 의원을 찾는 환자들은 진료에서 신뢰와 만족을 경험하면 다른 것들이 좀 부족해도 그 병원을 계속 선택한다. 그래서 3장의 진료 커뮤니케이션 스킬은 반드시 적용해야 한다.

- **환경 커뮤니케이션**
  책상과 책장 정리, 환자와의 거리 조절, 진료 가운과 헤어스타일
- **비언어적 커뮤니케이션**
  눈 맞춤, 인사법, 제스처, 포스트잇, 환자교육자료
- **언어적 커뮤니케이션**
  억양과 말투, 의학용어, 상황에 따른 대응법

진료 커뮤니케이션 중에서도 가장 쉽고 핵심적인 것들이다. 이것조차 안 되어 있으면 안 된다 싶은 것들 말이다. 그러니 읽고 그냥 넘기지 말고 자신의 현 상태와 꼭 비교해보시길 바란다.

마지막 세 번째는 분위기가 좋은 병원을 선택한다.

병원 분위기라고 하면 규모나 인테리어, 의료 장비와 같은 물리적인 환경이 먼저 생각나겠지만, 병원에서 일하는 직원들이 만드는 분위기가 훨씬 더 중요하다. 직원들의 태도는 다시 오고 싶어 하는 환자들도 오지 않게끔 만들 수 있는 엄청난 능력을 갖추고 있다. 그래서 병원의 시스템과 매뉴얼을 어떻게 만들지, 함께 일하는 직원들을 어떻게 관리하고 교육할지를 알려주었다.

- 채용 방법

  채용공고 쓰는 법, 면접 보는 법, 인사규정 만드는 것
- 직원 교육

  회의하는 방법, 무료 교육 방법, 매뉴얼 만드는 법
- 조직 관리

  시스템의 종류와 구성하는 방법

이렇게 '마케팅, 진료 커뮤니케이션, 조직관리' 3가지만 조화롭게 운영되면 우리 병원은 환자들의 선택을 받아 계속 성장하는 잘되는 병원이 될 수 있다.

이 책은 내가 지금까지 만나왔던 병원 중 80% 이상을 차지하고 있는 '동네 의원'을 대상으로 썼다. 네이버 플레이스도 갖춰져 있지 않고, 제대로 된 직원 교육을 한 번도 해본 적이 없으며, 원내에는 병원의 가치는 느껴지지 않는 제약회사에서 준 포스터들만 여기저기 부착되어 있는 작은 의원들을 대상으로 말이다.

이 책을 쓰면서 원칙이 있었다.

첫 번째는 지난 11년간 내가 병원과 함께 해본 것들만 담았다.
두 번째는 병원에서 꼭 했으면 하는 것들만 담았다.
세 번째는 원장님이 직접 할 수 있을 만한 것들만 담았다.

가장 쉽게 성공하는 방법은 벤치마킹이라고 생각한다. 이 책은 잘 되는 동네 의원들의 비밀을 벤치마킹할 수 있도록 썼다. 너무 다 아는 이야기라는 생각이 들 정도로 쉬운 내용이 많다. 그렇다면 적용하기에도 어렵지 않다는 말이 아닌가? 읽는 데만 그치지 말고, 꼭 적용하시길 바란다.

마지막으로

평생 환자들의 건강만 챙기시다가

정작 본인의 건강을 놓치는 원장님들을 많이 뵈었다.

환자들의 건강을 늘 챙기시는 것만큼,

본인의 건강도 챙기셔서 원장님들께서 다 건강하셨으면 좋겠다.

박정섭

그 병원이 잘되는
12가지 비밀

제1판 1쇄 2023년 9월 20일

지은이 박정섭
펴낸이 최경선 **펴낸곳** 매경출판㈜
기획제작 ㈜두드림미디어
책임편집 이향선 **디자인** 김진나(nah1052@naver.com)
마케팅 김성현, 한동우, 구민지

매경출판㈜
등록 2003년 4월 24일(No. 2-3759)
주소 (04557) 서울시 중구 충무로 2(필동 1가) 매일경제 별관 2층 매경출판㈜
홈페이지 www.mkbook.co.kr
전화 02)333-3577
이메일 dodreamedia@naver.com(원고 투고 및 출판 관련 문의)
인쇄·제본 ㈜M-print 031)8071-0961

ISBN 979-11-6484-607-8 (03320)